中世武士選書 48

九鬼嘉隆と九鬼水軍

最強を誇った水軍大将の興亡

祥三 著

戎光祥出版

はしがき

本書は、戦国時代に織田信長《おだのぶなが》や豊臣秀吉《とよとみひでよし》のもとで水軍の将として活躍した、九鬼嘉隆《くきよしたか》と九鬼水軍の興亡がテーマである。

九鬼嘉隆は、信長の命令で建造した「鉄甲船《てっこうせん》」を駆使し、第二次木津川口《きづがわぐち》の戦いで毛利《もうり》水軍を破った水軍の将としてよく知られている。しかし、九鬼嘉隆をめぐる研究は、同時代史料の乏しさが要因で、研究のテーマになることは少ない。嘉隆が登場する以前の中世の九鬼氏に関する重要な研究（稲本一九八五）はあるものの、嘉隆の登場以後の九鬼氏は、典拠史料が示されていない著作や、『志摩《しま》軍記』といった軍記物、近世の編纂物を基にした書籍が基本文献となって伝わっていて、同時代の一次史料に基づく研究はなされていない状況にあった。

その現状を打開するため、筆者は門外漢ながら、限られたなかでも公表されている一次史料を中心に九鬼氏の関係史料を集成・整理し、他の九鬼家ゆかりの宝物や史跡などをまとめて、図録『九鬼嘉隆―戦国最強の水軍大将―』（鳥羽市教育委員会、二〇一一年）として刊行した。この反響は筆者の予想以上に大きく、これ以降、九鬼嘉隆を対象とした研究も徐々に行われるようになった。そして、研究の進展に加え、新たな史料も発見された。また、自治体史の編纂も進んだことで九鬼氏に関する史料も蓄積が進んできており、嘉隆の動向も徐々に明らかになってきている。

これまで九鬼嘉隆は、織田水軍の将としての動向の評価は多いものの、それ以降の生涯は、総じて取り上げられる機会は少ない。まれに朝鮮《ちょうせん》出兵の際に建造された軍船「日本丸」について触れられる程度であろう。また、第二次木津川口の戦いにおける鉄甲船での活躍が取り上げられる際でも、場合によっては、「織田水軍」と表記され、九鬼嘉隆や九鬼水軍としては一切触れられない場合も多い。さらに、近年の研究のなかには、嘉隆は織田信雄《のぶかつ》の陪臣にすぎず、信長と嘉隆には直接な主従関係ではないとして従来の嘉隆の評価は過大であるといった見解もみられる。

しかし、嘉隆を織田政権の一時期のみの動向で評価するのは早計である。志摩国の在地の小勢力の一つに過ぎなかった九鬼氏が、嘉隆の代に織田・豊臣政権のもとで志摩国の大名として伸長し、他の海賊衆が凋落していくなかでも生き残ったことや、徳川《とくがわ》の時代となっても外様大名でありながら、幕府の船手衆としての地位を得ることができたのは、嘉隆の活躍があったからこそで、この点はもっと評価されるべきであろう。

本書では、嘉隆登場以前の中世の志摩地域における海賊衆と九鬼氏の動向を概観したのち、現状で確認されている史料と最新の研究から九鬼氏にまつわる事実関係を検討・整理する。そして、嘉隆の動向のみならず、九鬼氏の造船、嘉隆の跡を継いだ守隆《もりたか》の動向、のちの御家騒動を起因とした転封による水軍としての活動の終焉までの足跡も追っていく。最終的には、なぜ九鬼氏が激動の戦国の世で台頭し、生き残ることができたのか、その要因も考えていきたい。さらに、九鬼氏の研究には文献史学に限らず、考古学や民俗学の見地からも検討の余地がある。そのため後半では、九鬼氏の居城である鳥羽《とば》城跡の調査成果のほか、民俗学的な見地から鯨漁《くじらりょう》といった集団漁法との関わりにも触れたい。

なお、「水軍」という用語は研究上の用語で、史料ではみられない用語である。本来は「海賊衆」や「船手衆《ふなてしゅう》」といった用語で称されている。ただ、九鬼氏の海上軍事勢力についての呼称は不明であるため、「九鬼水軍」という用語を使用している。また、綾部の九鬼家では「鬼」を「鬼」と書くが、本書では記述を統一するうえから現当主名を除き史料引用も含めて、「九鬼」と表記する。

本書は九鬼〝水軍〟をテーマとしているが、九鬼氏が水軍としてどのような戦闘形態をとったのかという問題は、史料に乏しく、触れることができなかった。今後の検討課題である。

本書の刊行によって、謎の多い九鬼氏の研究をさらに進展させる足がかりとなれば幸いである。

二〇二三年六月

豊田祥三

目次

【凡例】

本書で引用する主な史料については、初出箇所以外は左記のように省略して表記する。

『寛永諸家系図伝』→『寛永伝』／『寛政重修諸家譜』→『寛政譜』／

『旧三田藩主九鬼家文書「松嶽公寛永書牘」目録』→『三田九鬼家文書』／

『旧三田藩主九鬼家文書「松嶽公寛永書牘及松嶽院様御書之写」目録』→『三田九鬼家文書』二〇二二

神戸大学大学院人文学研究科蔵の「九鬼家文書」→「九鬼家文書」神戸大学蔵／

『鳥羽市教育委員会文書　九鬼守隆書状』→『市蔵九鬼家文書』／

『三重県史』資料編古代中世下→『三資古中下』／『三重県史』通史編中世→『三通中』

『三重県史』資料編近世一→『三資近一』／『三重県史』資料編中世一（上）→『三資中一上』

『三重県史』資料編中世一（下）→『三資中一下』／『三重県史』資料編中世二→『三資中二』

『三重県史』資料編中世三（上）→『三資中三（上）』／『三重県史』資料編中世三（中）→『三資中三（中）』

『三重県史』資料編中世三（下）→『三資中三（中）』／『三重県史』資料編中世三（下）→『三資中三（下）』

第一章　中世志摩の海賊衆

太平洋海運の要所・志摩

九鬼氏に触れるまえに、まずは中世の志摩《しま》地域（現在の三重県鳥羽市・志摩市）の様相に触れておくことにする。

志摩地域は南の熊野灘沿岸部にかけて、陸上交通が発達しておらず、地域と地域を結ぶ交通は専ら海路であった。そのため、この地域では大きな勢力を持った領主はなく、小規模な勢力が点在していた。また、中世の伊勢《いせ》湾沿岸部や志摩半島では、伊勢神宮の御厨《みくりや》や御園・荘園が点在し、これらの年貢輸送や、伊勢大湊《おおみなと》を活動拠点とした廻船《かいせん》業者などが東海・東国との活発な海運事業を展開していたことが、多くの諸氏によって指摘されている（稲本一九九二・永原一九九二・綿貫一九九八ほか）。

さて、当時の海運の様子を知る一例として引き合いに出されるのが、伊勢国山田吹上《やまだふきあげ》（三重県伊勢市吹上）の光明寺《こうみょうじ》に止住していた僧道妙《どうみょう》の相続の件である（「光明寺古文書」）。建武三年（一三三六）三月一日、道妙は亡くなった。その日は、道妙が関東に派遣していた「関東出立船」四艘が千貫文余りの莫大な利益を積んで、まさに帰国の途にあった。つまり道妙は生前、関東との交易で莫大な富を築いていたのである。その後、道妙の妻と弟達の間で、その分配をめぐり相論が発生した。

彼の弟は三人いる。一人は定願《じょうがん》といい、駿河国江尻《するがのくにえじり》（静岡県清水市）に居住し、道妙船の寄港時の食料や水などの補給や交易品の買い付け、売り捌きなどの活動にあたっていたとされ、道妙の共同経営者といった地位であったとされる。

現在の伊勢大湊　三重県伊勢市

次の弟は弁盛《べんせい》といい、二見郷（三重県伊勢市二見町）の住僧である。元弘二年（一三三二）の『荒島荘官連署紛失日記《あらしましょうかんれんしょふんしつにっき》』によれば、弁盛の蔵が強盗に襲われたとき、財貨が強奪されるという事件が起きた。このときに紛失した借用証文類の内容には、泊《とまり》浦江向《うらえむかい》（鳥羽市鳥羽）に住む麻生浦六郎兵衛尉《おうのうらろくろうひょうえのじょう》の一〇〇貫文を最高に、伊志寡賀嶋《いじかがしま》（三重県鳥羽市石鏡町）初王大夫の五〇〇文に至る十八の借用証文があったという。借り手も泊浦周辺のみならず、佐々良《さざら》（三重県南伊勢町礫浦）や木本（同熊野市木本町）など広範囲に及んでおり、彼らの交易圏の広さを示している。
また、弁盛は悪止《あくし》（鳥羽市安楽島町阿久志）に「蔵本《くらもと》」を置き、手広く高利貸しを営んでいたことがわかる。その資本は、兄である道妙の利益を運用していたようだ。

以上のように、道妙の関東との交易は、彼ら兄弟達の分業による共同経営というかたちをとっていたのであった。道妙の例は、中世において伊勢志摩地域と関東との交易が活発に行われており、それによって大きな富を築いた人物がいたことを知ることができる。

また、東国と伊勢湾間の交易については、『武蔵国品河湊船帳《むさしのくにしながわみなとふなちょう》』の分析から、品川湊（東京都品川区）の入港船のうち大湊（伊勢市大湊）周辺地からの廻船が多数確認でき、伊勢の廻船と品川との間に深い結びつきがあったことも指摘されている（綿貫一九九八）。

その後、十五〜十六世紀中頃になっても東国と伊勢湾間は、廻船と湾岸の諸地域を結び交易に従事する小型廻船が航行し続けていたのである。それにともない出現したのが、海賊の襲撃や水上関で、これらは廻船にとって大きな問題となっていた。

中世史料にみえる九鬼氏

九鬼氏の史料上の初見は、文治三年（一一八七）、天花寺《てんげいじ》（三重県松阪市嬉野天花寺）の地頭《じとう》として「久気《くき》次郎」の名が確認できる（『三重県史』古代中世下5（五八六））。その後の動向は不明であり、次に登場するのは二百年ほど後の貞治三・正平十九年（一三六四）である。このとき、九鬼氏は相佐須《おうさつ》

（三重県鳥羽市相差町）の地頭職を有しており、二見御厨《ふたみみくりや》の神人《じにん》らが九鬼氏の代官であった小河《おごう》氏・蘇原《そはら》氏の押妨によって阿五瀬《あごせ》（鳥羽市小浜町）の漁業権が侵害されていたと訴えている（「御塩殿文書」）。貞治五年・正平二十一年（一三六六）、九鬼氏は泊浦江向（鳥羽市鳥羽）に対して「給主に候と号して」年貢などを抑留し、泊浦御厨下司である越中守重朝の業務を妨害していることから（『三重県史』資料編中世一（下）八（四六八））、この段階で、相佐須・小浜・江向を手中にしていたのだろう（『鳥羽市史』）。なお、九鬼氏が泊浦の支配者として確実にわかるのは、応永十二年（一四〇五）で、「泊浦小里　九鬼四郎」として名が確認できる（『三資古中下』七六八）。また、応永十年（一四〇三）十月付け、青連院代官久喜源祥訴状によると、青連院門跡《しょうれんいんもんぜき》領であった答志島《とうしじま》（鳥羽市答志町）半分を久喜源祥ら七人が数代知行していたという（「南部文書」）。

永享七～十一年（一四三五～三九）頃には、泊氏を名乗る元隆《もとたか》と景隆《かげたか》との間で家督（惣領職）をめぐる争いが勃発している（「醍醐寺文書」）。泊浦は守護不入《しゅごふにゅう》の地であり、その環境下で泊氏は勢力を伸長させたようだ。家督争いの結果、二流に分かれ、兄元隆の系統が本拠地である泊浦を支配して、泊氏を称した。

享徳元年（一四五二）、久鬼遠江守（元隆か）が死去し、その子息である愛如意丸《あいにょいまる》が幼少であったため、泊浦代官職の跡職を伊勢守護一色義直《いっしきよしなお》が得ようとし、幕府のほか伊勢中部の国人である長野教高、伊

九鬼氏が本拠とした田城城跡　三重県鳥羽市

勢北部の「北方一揆《きたかたいっき》」「十ヶ所人数」などの軍勢を巻き込んだ大規模な戦いとなった。この戦いに参加した朝倉常英《あさくらつねひで》は、醍醐寺に宛てた書状のなかで「志摩の弓矢」に関わりのあったところが、泊浦や加茂《かも》（鳥羽市）であったことを述べている（「醍醐寺文書」）。加茂という地名は鳥羽から加茂川を三キロメートルほど遡ったところにある地名であり、のちに九鬼氏が田城《たしろ》を築き本拠とする地域である。

この戦いの結末は記録では確認できていないが、文明元年（一四六九）や同十二年の史料には、「泊氏」の名がみえることから、一色氏の軍事行動は失敗し、泊浦に関する九鬼氏の権益は維持されたとみられている（『三通中』）。

以上のことから、十五世紀半ばには九鬼氏は泊浦の代官職を保持し、答志や加茂にも進出していたとみられる。しかしながら、ここに登場する九鬼氏と、近世の系図などに記された九鬼氏の系図との関連は不明であり、今後の重要な検討課題の一つである。

その後、十五世紀後半に神役の延滞の件をきっかけに「嶋衆《しましゅう》」と呼ばれる集団が史料上に現れ、九鬼氏もそのなかに確認できる。これについては次項の海運と警固の問題の中で触れたい。

中世志摩の海運をめぐる警固と嶋衆

中世の志摩地域は、先述したように太平洋海運の西縁にあたり、東国との交易や物資輸送にともなう廻船の活動が盛んであった。そして、それにともない、廻船にとって海賊の襲撃や水上関も大きな問題であった。

志摩地域の海賊の記録としては建仁三年（一二〇三）に国崎神戸の船一艘が供祭物を積んで神宮へ向け漕ぎ出したところ、暴風雨に遭い麻生浦に避難したとき、浦の住人壱志守房が供祭物といった積荷や船を盗むなどし、「海賊」と非難されているのが初見である（「国崎文書」）。また、伊勢湾では、永久二年（一一一四）二月別記三日条で、伊勢内宮一禰宜忠元が遠江・尾張・三河沿岸で海賊・強盗による供祭物の奪取が多発していることを訴えていることが知られる（『中右記』）。

こうした海賊行為とは別に関連するものに「警固」がある。志摩地域の警固の動向がわかるものとしては、暦応元・延元三年（一三三八）末、泊浦に襲来した熊野海賊有間荘《ありまのしょう》司《じ》忠幸《ただゆき》や小河与一らが、「警固料所」と称して泊浦の江向を占領したのが初見である。彼らは、泊浦を拠点に海上交通の支配を図ったのである（「醍醐寺文書」）。

「警固」とは、港湾や一定の海域を支配する勢力が、入港許可や航行の安全保障を名目に通過する船舶から警固料という関銭を徴収するものである。警固料は港湾の使用や海賊の襲撃を防ぐ見返りという側面もあるが、支払いを拒否した船は拿捕され、強制的な取立てを受けており、警固と海賊行為は表裏の関係にあった。

当時の志摩地域でこのような警固を行う勢力を「海賊衆」と呼ぶ史料は確認されていないが、十五世紀後半以降になると、「内宮《ないくう》引付《ひきつけ》」などの史料中に「嶋衆」「志摩拾三人中」といった呼称で現われており、彼らは、「一揆」を形成し、各々の勢力は「嶋方」と称していた。なお、「嶋衆」に関しては、小林秀氏が詳しく紹介している（小林二〇一〇）ので、それを参照しながら概説する。なお、「内宮引付」とは室町期に内宮の一禰宜であった荒木《あらき》田《だ》氏経《うじつね》が神宮と在地の人達とのやりとりの文書を克明に記録したものである。まずは、当時の神宮の神役の輸送に関する重要な史料（「内宮庁宣」）から紹介する。

> （前略）みぎ、伊志賀《いじか》小新蔵の事、神船として毎年懈怠なく神役を勤めせしむべきものなり、しかるあいだ、海上ならびに浦々津々泊々、その煩いあるべからずの状（後略）

これは、伊志賀（鳥羽市石鏡町）の船を「神船」として、神宮に納められる神税を運ぶ船として認められれば、どの海上を通行しようとも、また、どこの港・泊に停泊しようとも課税されないということである。これは神船であることの大きなメリットであり、神税以外でも自分たちの交易にとって非常に大きな利益になるのである。このように、伊勢神宮は、東国の御厨・御園から海上輸送される物資を神船と呼ばれる、どこの港・泊に停泊しても課税されない船を駆使し交易を優位に展開していた。また、一般の廻船は神宮の神役《じんやく》や守護の本警固役、海の領主への船役などを負担して航行の安全を保障されていたのが、室町期の伊勢・志摩海上の秩序であった。

しかし、十五世紀後半に入ると、この体制は動揺し、神宮の神船支配も危機的状況に陥る。その結果、新たな警固が乱立することになり、守護や嶋衆は、海上警固と称して、神宮とは別に警固料を取るようになった。そのため、島々からの神役が滞るようになったほか、神船を拿捕したりして神宮の言うことを聞かなくなっていく。

たとえば、文明八年（一四七六）、相差能景《おうさつよしかげ》が神船の積み荷を「船公事」として押領している。神船であった小浜北村船が、「この方の役等無沙汰候」と船公事を払わなかったため、相差氏に抑留されたのである（以下、「内宮引付」）。

神宮は抗議し、早く返すようにと伝えるが、「はやかせものども取り乱し候のあいだ、力及ばず候」とある。つまり、返したいが、早まったものたちがもうすでに取ってしまって無くなっているので、返しようがないと言い訳をしている。これにより、抑留された船に積まれていたものは船公事として強制的に没収されたことがわかる。

その後、相差能景が亡くなったためか、子の相差千代鶴《ちよつる》が出した書状があり、能景と同じような内容の書状を出している(「内宮引付」)。この中にも先と同じように北村船に対して「この方船役無沙汰」となっている。ただ、先ほどの能景書状の「はやかせもの」のところが「則ち侍ども、わけちらし候」とあり、「はやかせもの」として出てくる者には「侍ども」がいた。つまり、彼らは船を操るだけの存在ではなく、武力を有していたのである。そして、少なくとも相差氏は北村方に対して公事と呼ばれる税金を掛ける立場にあったということになる。

さらに、「この方の事、何様の罪船、いつも罪科仕り候のあいだ」とある。罪を犯した船であるならば、当然、法にまかせてこちらが処罰しているのだ、というのである。つまり、相差だけでなく、志摩地域の土豪連中の間での法度があったことを示唆している。そうなると、「嶋衆」と呼ばれる土豪衆が、一揆と同様の存在であったといえよう。

相差氏の件以外にも、神宮の統制がきかなくなっている状況がわかる史料がある。文明十二年(一四八〇)、十月二十六日の内宮長官荒木田氏経書状には、「そのうえ諸島未だ御成敗に随わず候や、小浜より下の島廻船等、一円神宮に同心申さず候のあいだ言語同断の次第に候」とあり、小浜(鳥羽市小浜町)より南の方の諸浦、諸島の廻船衆は、神宮の言う事を聞かなくなり言語道断だとある。また、「殊更《ことさら》諸島浦々大小廻船の事と神宮として急度申し付け難く候」(「内宮引付」)と、さらに神宮として彼らに命令できなくなっている様子がわかる。

　こうした状況に対応するため、神宮は石川修理進《いしかわしゅりのじょう》という伊勢守護の力を借りて志摩の廻船中に言うことを聞かせようとするが、失敗する。そして、文明十三年（一四八一）二月、今度は現地の土豪衆の中に「神宮代官」というかたちで代官を任命し、彼らによって廻船中を統制しようと考えた。その代官として「和田《わだ》氏」「泊氏」を任命し、神役の賦課を行おうとしたのである。しかし、文明十四年（一四八二）六月、泊氏の船が、和田隆実《たかざね》によって拿捕される事件が起こった。この事件の原因は、船二艘分の麻生浦「公事」の永代免除を求める泊氏と「三ヶ年と存候へ共、且は神忠之儀候の間五ヶ年」免除を主張する和田氏の港役徴収・免除をめぐるもので、お互いの船に税を掛け合ったのである。内・外宮は「折中の儀」をもって十ヶ年の免除と「答志浦」五ヶ年免除案で仲介にあたったが、両者とも譲らず失敗に終わった。この両者の対立を解決するため、嶋衆が仲介に乗り出す（志摩国島衆連署状、「内宮引付」）。

　未だ申し通さず候といえども、書状をもって啓せしめ候、そもそも当国和田・泊不慮の儀、兼ねて不快仕り候のところ、両庁官様御口入といえども、未だ承引申されず候あいだ、既に近々弓矢に及ぶべく候か、先ずは海上の儀、かたがた以て勿体なく存じ候、以前より彼の公事仰せ出され候うえは、重ねて御意に懸けられ候ば、かしこみ入るべく候、両人の儀、この方において涯分教

訓致すべく候、この趣、つぶさに以て御披露に預かるべく候、恐々謹言

八月十五日

久喜

景隆判

相差

隆景判

安楽島《あらしま》

実盛《さねもり》判

和具《わぐ》

久宗《ひさむね》判

甲賀《こうが》

宗能《むねよし》判

伊賀殿御宿所

久宗

宗能

うらに

和具蔵人

甲賀左近将監《さこんのしょうげん》

内容は、志摩国の「和田」と「泊」が対立してしまった。これに対し、「両御長官様」（内宮と外宮の長官である一禰宜）、つまり「荒木田氏経」（内宮の長官）・「度会朝敦《わたらいともあつ》」（外宮の長官）が仲介したが、承知せず、合戦寸前になっていた。神宮から嶋に対して一つの申し出があり、神宮がその気があれば、その申し出を我々が受けましょうと言っている。そして、いま対立している泊・和田の不和については、充分自分たちで申し聞かせますと、久喜景隆以下、相差・安楽島・和具・甲賀の土豪達が連名連署で書状を神宮に向かって出している。

この文書は、十五世紀後半の志摩地域の「嶋衆」と呼ばれた土豪衆の名前が並ぶ非常に稀な史料であり、当時の志摩の状況を知るうえで極めて重要な史料である。それと同時に「久喜」氏が嶋衆の一氏として名を連ねていることは注目される。そして、彼らは「弓矢に及ぶ」とあるように武力を有していたこともわかる。ただ、残念ながらこの久喜氏がどこに本拠を置いていたのかは記されていない。

先の嶋衆からの書状を受けて、度会朝敦が出した書状には「嶋衆中よりかくの如き状到来し候」とあり、先の連署者に対して「嶋衆」と呼んでいる。また、「この返事の趣は、両嶋取り合い口入の事」とある。「両嶋」は和田と泊のことを意味しており、彼らも「嶋」という嶋衆の一氏との認識をされている。

図１　嶋衆の分布想定図

この段階で、神宮からみて有力だと思われている嶋衆は、和田と泊、さらにこの連署の中で二人を抑え込もうとしている久喜・相差・甲賀・安楽島・和具と、別史料（「文明年中内宮宮司引付」）で難波船の積み荷をめぐって内宮と相論を行った的屋を含めた八氏である。

また、包紙の上書きには和具と甲賀が連名で出していることから、この時点では、この二氏が連署者のなかでもとくに有力だったのだろう。したがって、ここにある「久喜景隆」は、嶋衆のなかでもまだ突出した勢力をもっていなかったようだ。なお、嶋衆の本拠地を地図上（図1）においてみると、久喜の本拠地は不明だが、のちに本拠とする波切におくと、嶋衆がほぼ等間隔に並んでくる。つまり、一揆を行う嶋衆は同じような勢力で拮抗していたのだろう。この紛争は、嶋衆が調停に乗り出したことで収拾したらしい。

この両者の紛争後、同年の十月の「氏経卿引付《うじつねきょうひきつけ》」に清井《きよい》（須賀《すが》）家久《いえひさ》、賀藤盛継《かとうもりつぐ》・友盛《とももり》兄弟、大曾禰入道道範《おおそねにゅうどうどうはん》、比々野入道善眼《ひびのにゅうどうぜんがん》なる者たちの書状には、

我々船公事、両宮様より、両嶋エ堅く御意下され、無為の御成敗、誠に忝く畏れ存じ奉り候、しからば、須賀九郎左衛門、憤り相残らずといえども、御書忝く存ぜられ、十ヶ村老分、堅く中付けられ、無為に落着し候、（中略）就中《なかんずく》、警固役の事、浦前十ヶ年、答志分八ヶ年、御免状謝し難く、忝なく存ぜしめ候

とあり、これによれば、賀藤兄弟と須賀氏の間に、浦、答志警固役免除をめぐって紛争が生じたこと、これが「十ヶ村老分《ろうぶん》」の調停によって和解したこと、その条件は浦十ヶ年、答志八ヶ年警固役免除であったことがわかる。

稲本紀昭氏は、この史料について先ほどの泊氏と和田氏の紛争と比較して、紛争の焦点が答志五ヶ年、浦十ヶ年であったことといい、嶋衆の調停したことなど共通点があることから、両紛争を一連の事件としている。また、九鬼・和田氏の紛争の真因は、賀藤兄弟と清井家久という廻船商人の対立であり、ここでみえる和与こそが、九鬼・和田氏の和与そのものを示すものであるとしたうえで、「嶋衆」

と呼ばれる国人の政治的世界は別個な「十ヶ村老分」と呼称される、惣結合・政治的世界が形成されており、独自の調停機能によって惣結合を維持していたという極めて重要な指摘をされている（稲本一九八五）。彼らは、こうした対立を含みながらも「十ヶ村」として郷村的結合をもち、自らの利害の調整にあたったのである。つまり、廻船在所の浦々による「十ヶ村」という広域的な結合と、領主間における「嶋衆」という一揆的結合、地下と領主の二重構造をもつ地域的な秩序維持体制が機能していた。なお、大曾禰・比々野両氏は、「十ヶ村分」の者であるが、十ヶ村がどこをさすかはよくわかっていない。ただ、「氏経卿引付」七所収の文明十七年十月八日付け国崎地下《くざきじげ》老分申状写・同年の十一月七日付内宮政所《まんどころ》大夫《だいぶ》師秀《もろひで》奉書写の文書から、国崎（鳥羽市国崎町）・磯部《いそべ》（志摩市磯部町）に「老分」の存在が確認されている（小島一九七九）。

十五世紀末の志摩地域では、大湊、あるいは宇治《うじ》・山田など伊勢でみられるような郷村制が発達していたことが確認され、さらにその上層に広く志摩半島をおおった領主たち、「嶋衆」の世界が存在していた。彼らは、先に触れた紛争のように、時には対立しながらも、自らの利益を守るため連合して、守護や神宮に対しても反抗していったのである。

このような重層的な世界の形成過程や実態は、残念ながら史料がなく詳細はよくわからない。しかし、志摩地域に展開していた嶋衆と呼ばれる領主たちがどのような存在形態であったのかを明らかにしていくことは、今後の課題の一つであろう。

その後の嶋衆の動向について、永正六年（一五〇九）の八月二十一日付けの「三好長秀《みよしながひで》誅伐感状案」では、幕府奉行人松田長秀《まつだながひで》が室町将軍足利義材《あしかがよしき》の意を奉じて「志摩拾三人中」に感状を出している。この文書は、畿内での細川高国《ほそかわたかくに》・大内義興《おおうちよしおき》と細川澄元《すみもと》・三好之長《ゆきなが》の戦いで敗れて伊勢まで逃げた之長の子長秀を、伊勢・志摩両国守護北畠氏が誅伐した時のもので、このときに「志摩国十三人中」は北畠氏の指揮下で戦っている。しかし、北畠氏とは別に感状を与えられていることから、北畠氏の直接の配下ではなく、独立した存在であったことがわかり、詳細はよくわからないが、引き続き一揆は継続していたとみられる。

嶋衆を構成した勢力

さて、「嶋衆」と呼ばれる勢力は、どのような面々だったのであろうか。史料は多くないが、泊・九鬼氏以外の彼らの動向を少し整理しておきたい。

相差氏　相差氏の初出史料としては、『氏経神事記』の寛正六年（一四六五）七月二十五日条に「相差方」が磯部長楽寺《ちょうらくじ》跡を干渉したことが確認できる。寛正七年（一四六六）七月二十日条には「志摩より、磯部ヲ退治すべし」とある。また、内閣文庫「氏経引付」文明五年七月の「内宮庁宣」には三重郡伊左奈岐神田の世安氏代官として「相差」が確認できる。貞治三・正平十九年（一三六四）時点では九鬼氏が相差の地頭職を有しており、九鬼氏の知行地であったが、どのような経緯で相差氏領になったかは不明である。なお、嶋衆の一員として登場する久喜景隆は、先述した永享七〜十一年に泊元隆と物領職を争った景隆と同名であることから、同一人物であり、九鬼一族と捉える意見もある（『三通中』）。

文明八年（一四七六）には、先ほど紹介したように「小浜之北村方」船の拿捕をめぐる内宮と紛争を「相差能景」が起こし、能景の息子とみられる相差千代鶴書状（文明九年五月十五日付け）まで騒動は続いているが、その後の動向はよくわからない。引き続き嶋衆の一党であったと思われるが、一次史料では確認できない。近世の史料によれば、九鬼嘉隆が台頭すると、相差氏に嗣子がいなかったため、嘉隆は長男の成隆を養子に遣わすことで、九鬼氏の配下としたとされる（『志州旧記』）。

和具氏　和具荘地頭の那珂氏は、「常陸国那珂郡《ひたちのくになかぐん》（茨城県）」を本拠とした大中臣《おおなかとみ》姓の武士とみられる。

延慶元年（一三〇八）に死去した那珂景実の所領に「志摩国和具庄」とあり、那珂一門が拝領した所領として「志摩国和具庄那珂又太郎《またたろう》入道子息等知行之」（「桐村正春氏所蔵文書」）とある。

『八坂神社《やさかじんじゃ》記録』には、康永二・興国四年（一三四二）に播磨国黒田荘《はりまのくにくろだのしょう》の荘官であった石原寂任《いしはらじゃくにん》という人物が和具の荘官を望み、鷹司師平《たかつかさもろひら》から「所司代」に任じられた。当時の和具には地頭の那珂康実が存在しており、本家の年貢の収納に難儀していたが、石原寂任を開介して那珂康実《やすざね》と姻戚関係にある伊藤六郎左衛門《いとうろくろうざえもん》を味方に引き入れて年貢の収納を実行した。ここに登場する那珂康実は「青《あお》山《やま》」「和具」も名字として用いている。景実と康実は「実」の通字から血縁者と推測できる。那珂氏は、和具の地頭として統治に関わるなか、次第に在地化していったことのだろう。（『三通中』）

和具城跡遠望　三重県志摩市

和具氏も、嘉隆の時代に青山氏として九鬼氏の配下となり、守隆からは志摩国和具領を知行されている（『三田市史通史編』）。なお、近世史料の青山氏の由緒書《ゆいしょがき》には「七嶋党と申す七人の者、各々自立仕り候」（「青山家由緒書」）とあり、嶋衆の系譜を引く一族であることが記されている。

和田氏　和田氏については、応永二十七年（一四二〇）に、「志摩国人和田全六」が醍醐寺末寺の法楽寺領であった松下（三重県伊勢市二見町松下）において、乱妨を働いたという記録（「松下区有文書」）が初見である。永享九年（一四三七）八月には、和田氏が国崎神戸（鳥羽市国崎町）を侵略したという記録がある（「氏経神事記」）。その後は文明十三年に内宮より「浦殿（和田能実）」が神宮代官に任命されるものの、文明十四年に同じく神宮代官であった泊氏と対立し、ほかの嶋衆の調停を受けた。また、明応八年（一四九九）には浦村（鳥羽市浦村町）の領主として、能実が浦村と石鏡村（鳥羽市石鏡町）の境相論を裁定し、石鏡から礼銭を受け取っている（「鳥羽磯部漁業協同組合石鏡支所所蔵文書」）。永正八年（一五一一）には有力国人であった長野尹藤《ながのただふじ》が桑名《くわな》へ侵攻した際、内宮外宮は尹藤の撤退を求めて交渉するが、この交渉が山田三方《さんぼう》とともに和田氏が奔走していることが判明していることから、和田氏は前代と同様に廻船中を統制する立場にあり、桑名の利害にも深く関係していたようだ。

和田氏のその後について、『志摩軍記』などの近世の軍記物によると、浦豊後の名で嘉隆の敵対勢力として登場し、戦い滅んだとされている。

甲賀氏　甲賀氏の史料も少ない。年不詳ながら、斎藤道三から伊勢御師の福島四郎右衛門尉《ふくしましろうえもんのじょう》宛の文書に「甲賀衆」の名が確認でき、斎藤氏と福島氏と甲賀衆とで海運を通した関連が指摘されている（小島一九七九）。

安楽島氏　安楽島氏について、文明年間に嶋衆の一氏として「安楽島実盛」の名がみえる。しかし、それ以外については志摩地域の郷土史家の著作などに由来等が掲載されているものもあるが、典拠史料が明記されておらず、管見の範囲では関連史料は不明といわざるをえない。近世には、九鬼氏の重臣として「安楽島左門」「安楽島越中」といった名がみえる。

いずれにせよ、九鬼嘉隆が登場する以前の志摩地域では、「嶋衆」と呼ばれた小領主が中心となって一揆的な結合を有しており、九鬼氏もその一勢力に過ぎず、決して他を凌駕するような権力を有していたわけではなかったのである。

その後、九鬼氏が勢力を伸張すると嶋衆の一部の諸氏は嘉隆の配下となり、九鬼家を支える重臣となる。しかし、彼らは元来嶋衆であった自負を強く持っており、家中でも大きな影響力を有していたようで、これがのちの御家騒動の遠因ともなった。

志摩地域の通行手形

さて、当時の廻船など海を航行する人々にとって、海賊衆などに拿捕や積荷を収奪されることなく、安全に航行できるかは大きな問題であった。たとえば、瀬戸内《せとうち》の海上勢力であった村上《むらかみ》海賊は、「過《か》

神島入荒布船木札　三重県鳥羽市・八代神社蔵

所船旗《しょせんき》」と呼ばれる通行手形を渡して、海賊から危害を加えられないよう安全な通行の保証したことが知られている。では、志摩地域ではどうだったのであろうか。当時の通行手形について、具体的な形態や形式は不明だが、文明年間（一四六九〜八七）後半の守護の本警固は、「札を入れ置く」「札を出す」という表現がみられることから、廻船中に札を配付して警固料をとっていたようだ。

　このような「札」の形式を推測できる史料に、北条氏の水軍として活動する梶原《かじわら》氏が北村《きたむら》氏と申し合わせて発行した麻布製の札がある。大きさは縦二十センチメートル、横十五センチメートルである。これは、天正二年（一五七四）に梶原与次が、紀伊国海草郡大崎関（和歌山県海南市下津町）の関船免除を、志摩国田曾宿《たそじゅく》（南伊勢町田曾浦）の北村勘解由左衛《かげゆざえ》門《もん》に通行を認めた札である（『三通中』）。

　他には、三重県鳥羽市神島に所在する八代《やつしろ》神社蔵の「神島入荒布船木札《かみしまいりあらめふねもくふだ》」がある。これは海賊衆の通行手形とは異なるが、永禄六年（一五六三）に発給された、アラメ（海藻）採取の許可証である。一辺約十六・五センチメートル（五寸半）四方、厚さ約二センチメートルのヒノキ製の板材で、五枚の大きさはおおむね揃っている。花押が表裏で異なるため、同一の行為に対し、異なる二者から許認可を得る必要があったことを示している。この二例は当時の志摩地域の通行手形の様相を示しており貴重である。

このような札の存在から、志摩半島周辺では、海賊衆・廻船商人や漁民として活動する領主や海民が多数存在し、商人や漁民らは海上を通行する際には海賊衆ら領主が発給する「札」と呼ばれる許可証が必要であったことがわかる。

第二章　九鬼氏の動向と嘉隆の登場

謎に包まれた九鬼氏の出自

志摩の土豪の一勢力であった九鬼氏は、嘉隆の代に織田信長に仕えることで、歴史上に台頭してくる。嘉隆が志摩を支配するまでの過程は、同時代に書かれた一次史料がないため謎に包まれている。現状では『寛永諸家系図伝《かんえいしょかけいずでん》』・『寛政重修諸家譜《かんせいちょうしゅうしょかふ》』（以下、『寛永伝』・『寛政譜』と記す）をはじめとした近世に書かれた系図や軍記物、地誌などに拠るしかない。ここではまず、九鬼家や志摩地域に伝わる史料を手掛かりに九鬼氏、主に嘉隆の動向を追ってみることにする。

九鬼氏に関する系譜や軍記物、地誌は多岐にわたるが、ここでは『寛永伝』『寛政譜』のほかに、次のものを参考にする。

『勢州軍記《せいしゅうぐんき》』（『続群書類従』巻五九八）……戦国時代の伊勢国について記した軍記物語。伊勢四家のうち関氏の支流である神戸氏の後裔神戸良政による著作とされる。志摩国の戦国期の様相も記しており、九鬼氏の動向に関しては「九鬼出世事」の項で触れられている。寛永十五年（一六三八）以前の成立とされる。

『志州旧記《ししゅうきゅうき》』……『志鳥旧事記』とともに綾部《あやべ》九鬼氏に伝わる史料で、九鬼家の志摩での事績を記述したものである。お家騒動により転封となった後、綾部藩主の隆季《たかすえ》が答志島の住民に対して洞泉庵《どうせんあん》への燈明代の寄進を求める文書が収録されており、年代を鑑みると寛文九年（一六六九）以降の成立と考えられる。

『志陽略誌《しようりゃくし》』……鳥羽藩の儒学者であった葦田省甫《ほでんしょうほ》によって編纂された志摩の国の地誌である。正徳三年（一七一三）の自叙が記されていることから成立はこれ以降であると考えられる。

『志摩軍記』（内閣文庫）……志摩の九鬼嘉隆の一代にわたる事績を物語風に一巻にまとめたものである。作者・成立年代は不明であるが、享保五年（一七二〇）成立の写本があるため、本書はそれ以前の成立と考えられる。

『志鳥旧事記《しちょうきゅうじき》』……綾部九鬼家に伝わる史料で、志摩での九鬼氏の事績や史料が記されたものである。享保十四年（一七二九）六月に書写されたとあるので、その頃の成立であろう。

九鬼嘉隆に通じる九鬼氏の出自にはいくつかの説あるが、『寛政譜』には、「今の呈譜に先祖の出所を詳にせず」とあり、その出自は、史料の少なさゆえに不明の部分が多い。

主な説としては熊野別当末裔説《くまのべっとう》（『志陽略誌』）、熊野八庄司説《はちしょうじ》（『寛政譜』）、藤原隆信説《ふじわらのたかのぶ》（『紀伊続風土記』）などがある。八庄司とは、熊野の大きな荘園の経営を任された武士のことである。藤原隆信は、藤原氏の末裔で鎌倉末から室町初期の人物で、もとは勢州佐倉《さくら》（三重県四日市市）に佐倉城を築いて当地にあった。南北朝期になると隆信は、北朝側に攻撃され九鬼浦に落ち延びる。この隆信の孫が波切に侵攻した隆良だとする説である。

このように、出自には諸説あり、嘉隆の母方や兄弟、澄隆との関係など不明な点が多い。しかし、初代隆良の代に紀伊国牟婁郡《むろぐん》九鬼浦から志摩国英虞郡波切村《あごぐんなみきりむら》に移り住み、隆基《たかもと》―隆次《たかつぐ》―泰隆《やすたか》―定隆《さだたか》―浄隆《きよたか》までの大筋の系譜は一致している。

嘉隆以前の九鬼氏

次に、嘉隆以前の九鬼氏の当主の足跡を、『寛永伝』や『寛政譜』をもとに触れておきたい（図2）。九鬼氏は初代隆良の時に、志摩国英虞郡波切村に進出し、浦・大差《おおさ》・国府《こう》・甲賀・和具・越賀《こしか》・濱《はま》嶋《しま》村の徒党を追討し、波切・名田《なた》・畦名《あぜな》・立神《たてがみ》村を領知したという。

次の隆基については、『寛政譜』に「某年二月朔日志摩国波切村において死す。法名椿山」とあるのみである。

隆次は、答志郡加茂五郷堅神村を帰服させ、「某年正月五日に波切村において死す」とあり、波切以外に堅神村（三重県鳥羽市堅神町か）を支配するようになったという。

泰隆のときには、賀茂《かも》郡《ぐん》岩倉村《いわくらむら》（鳥羽市岩倉町）のうち田城《たしろ》にはじめて城を築いて住し、澄隆《すみたか》の代まで居城としたとある。現在、田城城跡は、九鬼岩倉神社となっている。また、北畠氏と結び、伊勢国に山田との抗争に協力したという。

定隆は、嘉隆の父であるにもかかわらず、記録がほとんどなく、命日等が記されるのみである。その後を継いだ浄隆は、嘉隆の兄である。浄隆の代には、国司北畠氏の支援を得た七嶋の徒党に、たびたび田城を攻められるも、これを凌いでいる。しかし、浄隆は戦中に病にかかり某年の六月四日

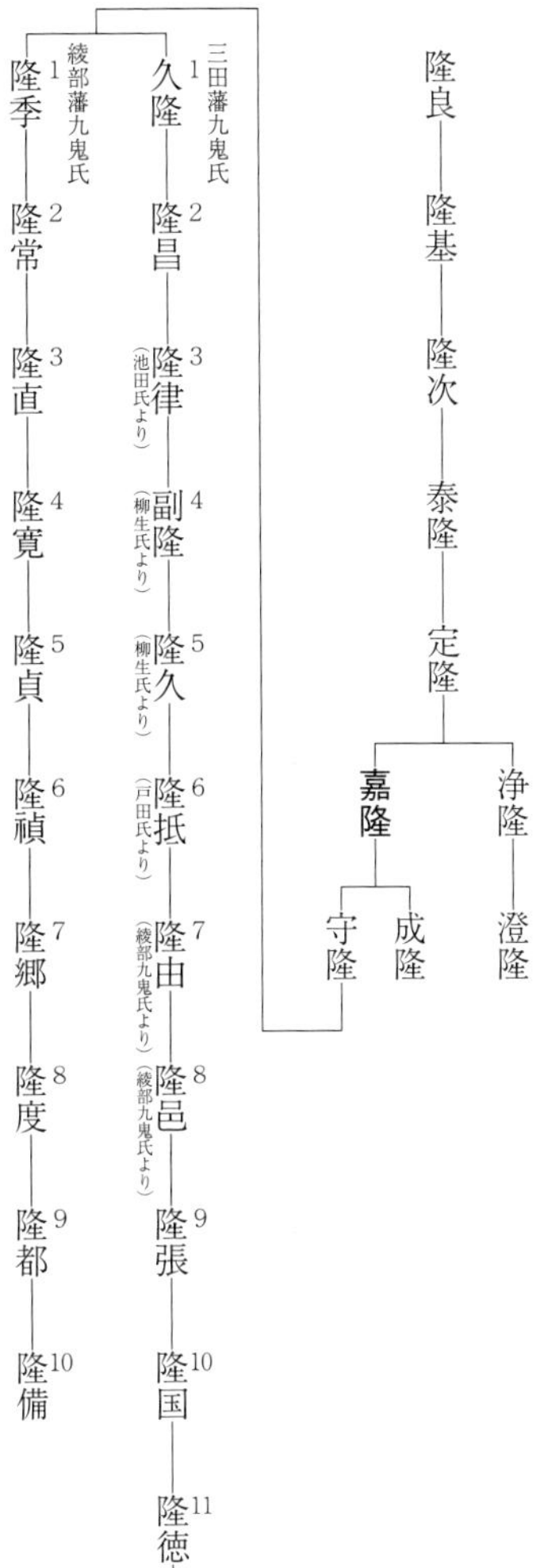

図2　九鬼氏系図

に城中で没した。このとき、浄隆の子澄隆はまだ幼少であった。そのため、叔父である嘉隆が澄隆の後見となり、澄隆とともに田城において嶋衆と戦い防戦した。

しかし、澄隆はこれに耐え切れず、城を捨てて朝熊岳に逃れたという。嘉隆も安濃津に落ち延びたとされる。その後、幾度と合戦に至り、田城を取り返したという。

以上、嘉隆が当主となる以前の九鬼氏の動向であるが、中世に現われる九鬼氏との関連の有無は今後の検討課題である。

志摩と北畠氏の侵攻

嘉隆の登場前の志摩地域の状況は、一次史料が断片的にしか残っておらず、不明な部分が多い。現時点で判明しているのは以下の四つである。一つ目は、永禄六年（一五六三）、北畠氏は志摩へ侵攻したようで、北畠具教《きたばたけとものり》奉行人《ぶぎょうにん》の教兼《のりかね》の奉書では「嶋中申事」につき不日進発せよと福島氏に命じていること（『三資中二』六三八）。二つ目は、磯部郷内（志摩市）に宛てた教兼奉書によれば、花岡《はなおか》・和具・越賀（志摩市）など地域の者が磯部郷へ出入りすることを禁じていること（『三資中二』三五八）。三つ目は、北畠氏が志摩へ出兵した理由は不明だが、同年閏《うるう》十二月二十五日付で北畠具房が被官であった沢房満に宛てた書状によると、去る十二日、崎嶋へ番替を命じたところ、途中で帰陣、十八日に切《きり》原《はら》（三重県南伊勢町）に着陣したものの、その後、軍を動かさないのはいかなる了簡かと叱責を加え、改めて三十日の在陣を命じていること（「沢氏古文書」）。四つ目は、同月二十八日付具房《ともふさ》書状では、沢氏は船越城《ふなこし》（志摩市大王町船越）に番として詰めている（「沢氏古文書」）ことである。

沢氏が志摩のどの勢力と戦ったかははっきりしない。しかし、志摩地域で北畠氏に敵対する勢力がおり、その攻略が半年以上にわたり、在番が命じられた沢氏にとっても負担が重かったようだ。残念ながら、その後の経過は不明である。

これらの史料から、永禄六年（一五六三）の時点で北畠氏はまだ志摩国を制圧していなかったといえる。九鬼家の家譜や軍記物などには、嶋衆が北畠氏に出仕していたという記述があるが、嶋衆が北畠氏に従属していた史料はほとんど確認されておらず、疑わしいといわざるをえない。

一方、志摩国の西隣に所在する五ヶ所《ごかしょ》（南伊勢町）には、当時、愛洲《あいす》氏という勢力が本拠にしていた。愛洲氏は、紀伊国牟婁郡を本拠とした愛洲氏と同族のようで、十五世紀中頃には北畠氏との関係を有していたことが判明しているが、主従関係は不明である。北畠氏の被官だったらしいが、五ヶ所周辺を独自に支配した両義的な勢力と考えられている。この愛洲氏は志摩国の西隣地域を支配下に置きながらも、嶋衆の中に名は出てこないばかりか、嶋衆との関わりもまったくもって不明である。当然、九鬼氏の記録の中にもまったく出てこない。

以上のように現状では、嶋衆は北畠氏や愛洲氏との接点がほとんどみえないことから、嘉隆が織田氏の勢力を背景に伸長するまでは、一揆を組んで独立した勢力としてあり続けたのではなかろうか。

嶋衆をめぐる呼称について

嘉隆が志摩を制圧する以前、志摩には「嶋衆」と呼ばれた土豪衆がおり、一揆を形成していたことは先に触れたが、嘉隆が登場する前後はどのような状況だったのであろうか。

『寛政譜』などの系図や軍記などの資料をみると、嶋衆の中でも「七嶋」「七人衆」と呼ばれている七氏の勢力は、他の勢力と区別して記されていることは注目される。この七氏は「浦」「大差」「国府」「甲賀」「和具」「越賀」「浜嶋」とされ、文明期に現れる嶋衆と比較すると、「浦」「大（相）差」「和具」「甲賀」は共通している。彼らは嶋衆の中でも中心的な一族だったらしい。一方で、九鬼氏をはじめ小浜《おばま》氏などは七氏には含まれておらず、嶋衆のなかでも確然としたメンバーではなかったようだ。

九鬼氏の史料である『志鳥旧事記』『志州旧記』にも同様の内容が書かれているものの、『志鳥旧事記』には七嶋以外として、九鬼・小浜・安楽島・的矢《まとや》の四氏を記しており、七氏の嶋衆以外にも九鬼氏をはじめとする有力な勢力がいたことを記している。

一方、『志摩軍記』（内閣文庫本）では「七嶋」には触れておらず次の名称を挙げている。

志摩の国五拾三ヶ村之内、地頭十一人有り、小浜久太郎《きゅうたろう》、安楽島《しま》左門《さもん》、浦野豊後《ぶんご》、千賀志摩、国府内膳《ないぜん》、甲賀雅楽《うた》、和具豊前《ぶぜん》、越賀隼人《はやと》、波切に九鬼弥五助《やごすけ》、加茂左馬《さま》、鳥羽に主水《もんど》とて、各
拾一人

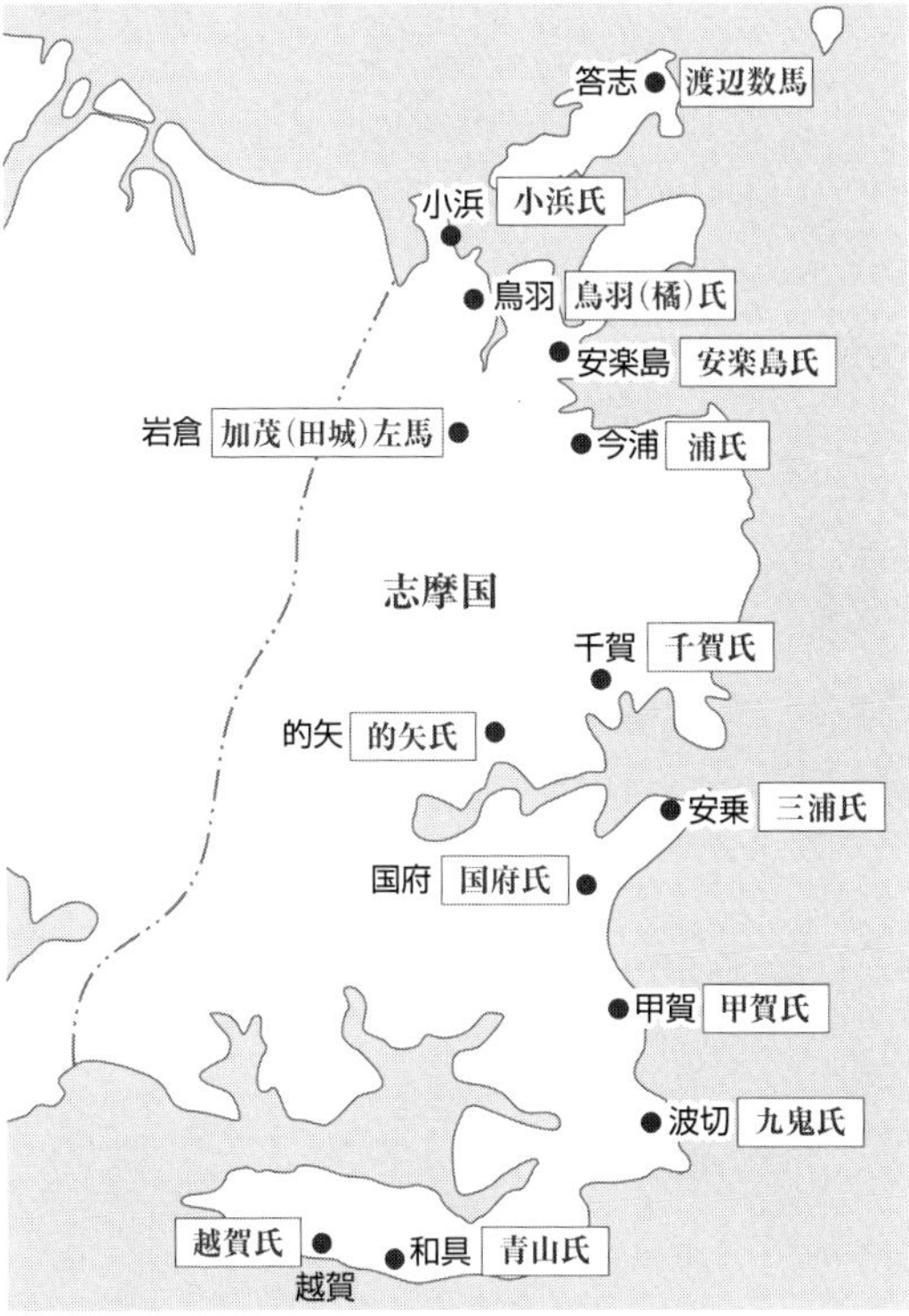

図３　九鬼氏が台頭前の志摩の土豪衆分布図

と記されている。別の写本では「地頭拾三人」ありとして、先の十一人に加えて的矢次郎左衛《じろうざえ》門《もん》、安乗の三浦新助《みうらしんすけ》が加えられている。『志摩軍記』を研究した大島氏によれば十三人の内容は写本により若干異なっており、答志の渡辺数馬《わたなべかずま》も加え十四人の名を挙げているものもあるという（大島一九七〇）。先に触れた永正六年の「三好長秀誅伐感状案」には「志摩国人拾三人

九鬼嘉隆画像　三重県鳥羽市・常安寺蔵

中」に宛てていることから、十三人のメンバーの入れ替えはあったようであるが、志摩国は嶋衆から繋がる系譜の七人の有力な勢力を中心に一揆が形成されていたのだろう。

嘉隆の登場と織田信長への仕官

九鬼嘉隆は、天文十一年（一五四二）に志摩国で定隆の二男として生まれた（『寛政譜』）。幼名・仮名は不明で、幼少期の境遇などは不明である。

嘉隆は兄浄隆の死後、幼少ながら跡を継いだ甥の澄隆と共に嶋衆との戦いに挑んだが、破れて田城を逐われた。船に乗り安濃津に退き、しばらく潜居した後、尾張《おわり》に渡り織田信長の家臣であった滝川一益《たきがわかずます》を介して信長に仕えるようになったと伝えられる（『勢州軍記』）。

その経緯を伝えるものとしては、「九鬼家伝系図」（『三田市史』）には、「信長公上方ご出張のみぎり、瀧川左近将監奏者としてお礼申す」とあり、『勢州軍記』も同様の記述がある。

嘉隆が信長の配下となった時期は、確実な史料では確認できていない。永禄十二年（一五六九）の秋に信長の大河内攻めの際に船手として参加したという記述もあるが（『勢州軍記』）、嘉隆が信長と関係を持ったのは、信長の京への出張時であることから、少なくとも信長が足利義昭《よしあき》を伴って上洛を果たした永禄十一年（一五六八）以降と考えられる。

勢力を増す嘉隆が嶋衆と戦う

信長の配下となった嘉隆は織田氏を背景に勢力を増していく。これに対し、嶋衆も嘉隆に対する警戒を強めたようである。一次史料を欠くが、九鬼氏の系譜や軍記物の記述に嘉隆と嶋衆との争いの過程があるのでみてみよう。

『志州旧記』によると、信長の次男である信雄が北畠氏の養子に入ったとき、嘉隆は信長に取り入り仕えるようになった。これにより嶋衆は北畠氏と疎くなり、嘉隆の威勢が増したことに憤る。嘉隆には従わないとして一同誓約をしてたびたび戦いに挑んだが、最終的には和順して嘉隆に従うようになったとある。また、大差（相差）について、大差藤四郎に継子が無いため、長男の図書《ずしょ》（成隆）を養子にしたとあり、姻戚関係を結ぶことによって大差氏を九鬼氏一族に取り込んでいる。

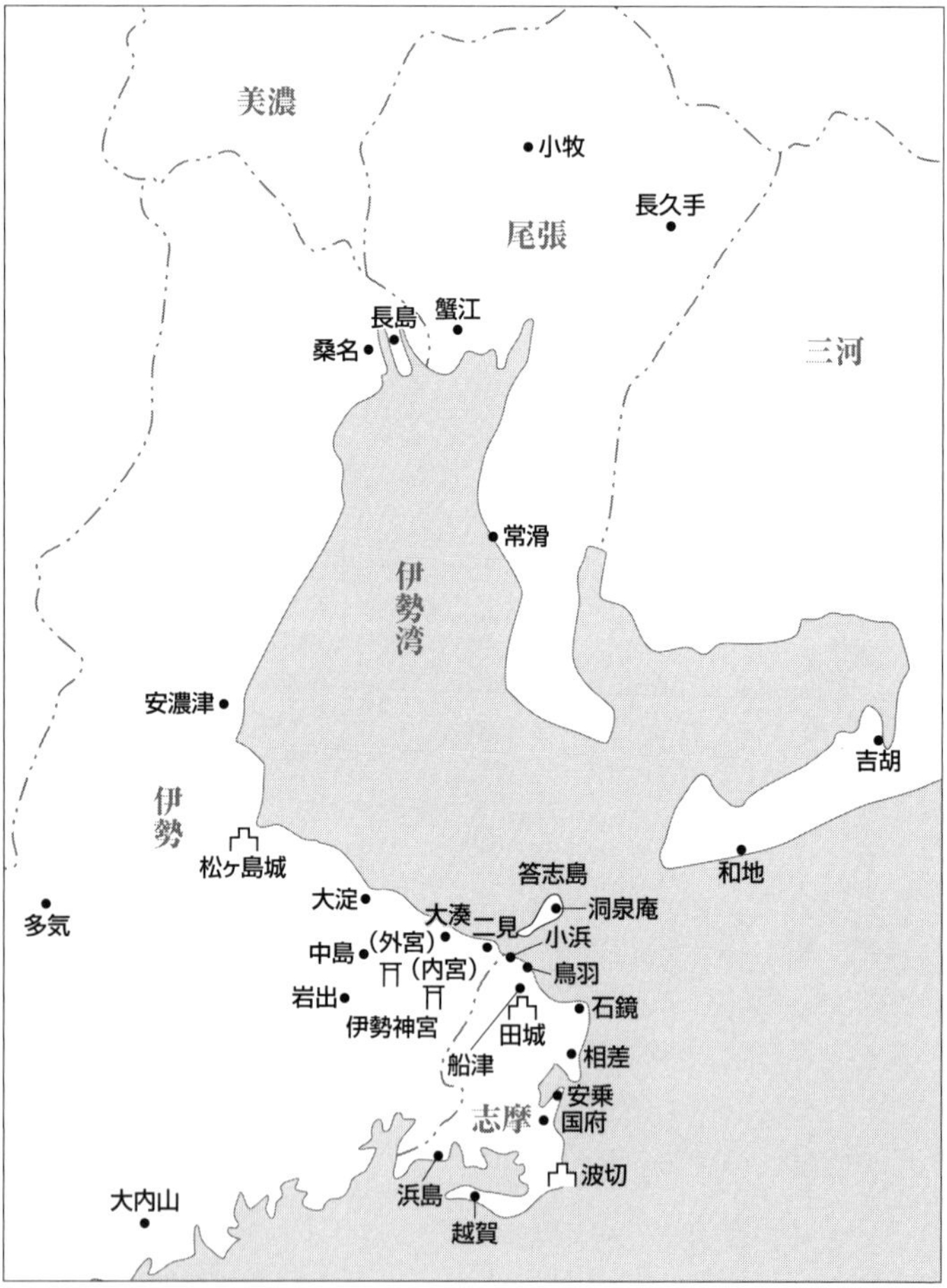

図４　九鬼氏関係地の地図

『志摩軍記』には、嘉隆が多気の国司（北畠）から、多気への出仕を怠った嶋衆の討伐を命じられる。嘉隆は嶋衆に対して教書を出すが、従わなかったため戦いとなり、浦氏は破れて切腹し、安楽島氏は降伏、小浜氏は破れて三河に逃れた。千賀氏も破れ、和具・甲賀・安乗・的矢・国府は降参、越賀は三年の抗争の後に降参したとある。

かつて九鬼氏の本拠であった波切城跡　三重県志摩市

『勢州軍記』には嘉隆が七嶋間の掟立に背いて私に武威を振るったため、六氏から波切城を攻められた。城は落城、船で安濃津に逃れて「牢居」したとある。先の戦記類の経緯の記述と異なるだけでなく、九鬼氏の居城が田城ではなく、波切城と記されている点も異なる。その後、滝川一益を介して信長の配下となり、永禄十二年（一五六九）秋の信長の大河内攻めの時には船手の大将として志摩に赴き、七人衆を攻め従えて、従わなかった浦氏を自害に追い込んだ。また、小浜氏も九鬼氏に従わず戦いに挑んだが破れて退いた。こうして嘉隆は志摩一国を支配するようになったと記されている。

このように嘉隆と嶋衆との争いの過程は、系図や軍記の記述によって差異がある。今後の史料の蓄積により検証すべき事項であるが、織田信長が北畠氏に信雄を養子に送り、南伊勢を掌握していくなかで、嘉隆も配下となり、織田氏の勢力を背景に徐々に嶋衆を従えていく。一方で、従わなかった浦氏は滅ぼされ、小浜氏や千賀氏は志摩を逐われることになったという経緯のようだ。とはいえ、嘉隆が織田氏の配下になり、またたく間に嶋衆を従え、志摩国を統一した訳ではなく、嶋衆が嘉隆の配下に下るまで、ある程度の年月を要したらしい。その詳細はのちほど触れる。

志摩を逐われた勢力の行方

さて、ここでは嘉隆の勢力の伸長により、志摩の地を逐われた小浜氏をはじめとする土豪衆の動向について触れておく。彼らは、本貫地を逐われるも、海賊衆として他の大名に仕えるようになる。

小浜氏　小浜氏は貞治三年（一三六四）に「小浜新五郎《しんごろう》」なる人物が確認でき（「御塩殿文書」）、彼の所領が没収されて九鬼氏に与えられている。しかし、この小浜氏と戦国期の小浜との関連は不明である。

『寛政譜』によれば、小浜氏は元来、現在の伊勢国小浜（鳥羽市小浜町）を領し、元亀二年（一五七一）

に武田信玄《たけだしんげん》の招きで甲斐国《かいのくに》に赴いた。小浜氏との交渉にあたった信玄の側近である土屋貞綱は書状で小浜氏のことを「海賊」と記しており（「小浜文書」）、伊勢湾の海の勢力を「海賊」と呼んでいたことを示す数少ない史料である。

武田水軍に参じた小浜景隆《かげたか》は、元亀三年（一五七二）に信玄から駿河国（静岡県藤枝・島田市域周辺）に、三百三十五貫文の知行地を与えられた。これは武田氏の家臣団のなかでは、第二クラスの旗本・諸役人クラスの知行に相当し、かなり優遇されたものであった。翌年の十月に信玄の息子の勝頼《かつより》より加増されて知行三千貫となり、「海上船中の達者、武勇の輩」として重用されていることがわかる（「小浜文書」）。

小浜嘉隆と光隆の墓　大阪市淀川区・富光寺境内

その後、小浜氏は九鬼嘉隆の伸長により、伊勢の小浜の地を離れたとされているが、天正八年（一五八〇）の武田信玄からの書状によると、伊勢と清水間の往来船二艘分の諸役免除の特権を与えられており、まだこの時点では伊勢に根拠地があった可能性が稲本氏によって指摘されている（『鳥羽市史』上巻）。

天正九年（一五八一）には武田勝頼から景隆に感状

が送られているが、宛所は「小浜伊勢守」となっており、景隆の本国であった伊勢を意識したものと考えられている（永原一九九二）。

武田氏の滅亡後は、徳川氏に帰順しており、天正十二年（一五八四）の小牧《こまき》・長久手《ながくて》の戦いでは、織田信雄・徳川家康《とくがわいえやす》方につく。伊勢の生津《おいづ》・村松《むらまつ》で、嘉隆と戦い戦功をあげ、家康から賞賛されたとある（『寛永伝』）。

江戸時代になると、小浜氏は向井氏とともに徳川幕府の船手を務め、慶長十九年（一六一四）の大坂冬の陣では、かつての宿敵ともいうべき九鬼嘉隆の子守隆とともに、徳川方の「船大将衆」として共に行動している。元和六年（一六二〇）に小浜光隆《みつたか》は初代の大坂船手を命じられ、領地を摂津国北《せっつくにきた》中島《なかじま》などに移された。光隆は寛永十九年（一六四二）に亡くなったが、嫡子の嘉隆が父の跡を継いで二代目の大坂船手となった。

なお、小浜氏については、「小浜文書」という文献史料の存在によって多くの諸氏により研究がなされているが（鴨川二〇〇二など）、一方で関連する史跡や歴史資料は少ない。小浜氏の元来の出自地とされる鳥羽市小浜町は九鬼氏が本拠とした鳥羽の地から北西に三キロほど離れた地にある。小浜町には小浜氏の菩提寺である済渡院《さいといん》があったが、残念ながら昭和三十六年（一九六一）の火災により焼失し、小浜氏の位牌なども消失してしまった。小浜氏の居城であった小浜砦は小浜港の北側に突き出た半島状の岬の城山と呼ばれる場所にあったが、現在はホテルが建っており、一部に土塁とみられる高まりが若干残るのみである。墓は砦跡の北西のセギ湾の奥にあったが、近年、済渡院近くの墓地に移転された。また、小浜光隆・嘉隆親子の墓は大阪市淀川区加島の富光寺《ふこうじ》にある。

小野田（浜島）氏　小浜氏の他に、「七嶋」の一人、小野田筑後守《おのだちくごのかみ》（浜島）も武田氏の海賊衆に参加していたことが指摘されている（小川二〇一二）。天正九年（一五八一）三月に小浜景隆らとともに久料津に渡海して迎撃した梶原景宗と交戦し、撃破しているほか、同年五月にも田子浦《たごのうら》の山本正次《やまもとまさつぐ》屋敷を攻撃している。しかし、武田氏の滅亡後の動向は不明である。

千賀氏　千賀氏は、志摩国千賀（鳥羽市千賀町）に本拠を置いていた勢力である。出自ははっきりしないが、伊予国河野《いよのくにこうの》氏の支流で志摩国千賀浦に拠った（「千賀系譜」）とする説などがある。嘉隆が台頭すると志摩を逐われ、知多に本拠を移したとされる。十七世紀以降には千賀信親が「志摩守」の受領名を称しており、ルーツを志摩に求めていたといえるだろう。「千賀系譜」によれば、為親の代になると、家康に従い船奉行となる。朝鮮出兵の際も、肥前名護屋《ひぜんなごや》城に赴き、兵粮輸送に奉行を務めた。慶長五年（一六〇〇）には、上杉景勝攻撃に参陣していたところ、嘉隆が知多に侵入したため、急遽帰国して戦った。その戦功により知多の一五〇〇石を与えられ、家康の三河・尾張での船手役を務めたという。江戸時代になると、尾張徳川氏の家中に編入され、幕末まで船奉行を世襲していった。

千賀氏ゆかりの場所としては、鳥羽市千賀町に千賀氏の五輪塔が三基残る。砦跡は「城山」と呼ばれているが、城跡の遺構はほとんど確認できない。また、千賀家の菩提寺は愛知県知多郡南知多町に所在する正衆寺《しょうしゅうじ》で、寺内には千賀氏歴代の墓がある。

千賀氏の墓　三重県鳥羽市

戦国大名と海賊衆

戦国大名は、なぜ小浜氏や千賀氏のような伊勢や熊野をルーツにもつ勢力を水軍として招致したのだろうか。

実は、「海賊衆」といわれた彼らは、操船技術のみならず、海上輸送や東西間の遠隔地の取引商人という側面も有していたことが指摘されている（永原一九九二）。つまり、大名にとって海上・河川交通・商品流通のネットワークを領地支配の一環に編成し、兵粮の確保を敏速に対応するためには、海賊衆の力が必要であったのだろう。小浜氏や千賀氏以外にも、志摩地域の事例ではないが、紀伊の海賊衆であった梶原氏も、関東で里見氏と抗争していた北条氏に迎えられており、知行の増額を求めるなど傭兵的な性格を有していたことが指摘されている（真鍋二〇一八）。彼らは小浜氏同様にかなり厚遇で迎え入れられたようだ。

甥・澄隆が非業の死を遂げ、嘉隆が当主となる

海賊衆の話が長くなったが、再び嘉隆の話に戻ろう。天正三年（一五七五）、織田信雄が北畠家の家督を継承し、伊勢・志摩両国は織田政権の支配下となった。そして、織田氏は紀伊・熊野方面への進出を図る。加藤《かとう》甚五郎《じんごろう》を紀伊国《きいのくに》長島《ながしま》城（三重県紀北町）に入城させて、紀伊国新宮《しんぐう》の堀内《ほりうち》氏善《うじよし》に対抗した。堀内氏は十五世紀中頃から新宮周辺地域を中心に登場し、氏善が熊野地域で勢力を拡大させた地域の中心的な領主であったらしい。

長島城に入った加藤甚五郎は度会郡の赤羽《あかばね》新之丞《しんのじょう》と協力し、紀伊国三鬼《みき》城（同尾鷲市）を攻め、奪取する。この城は、もともと九鬼嘉隆が三鬼氏とともに氏善に対抗した城だったが、氏善に奪取されたという（『紀伊続風土記』）。これに対し、氏善は尾鷲《おわせ》や木本《きもと》の熊野衆とともに三鬼城を攻め、信雄は嘉隆に命令を下すが、『寛永伝』には「そののち紀州の凶徒熊野三鬼の城をかこむによりて、信長、嘉隆をうしろ詰めとなす。これによりて志州七嶋の党を率て凶徒一揆を追い払いぬ」とあり、織田氏

は嘉隆に「嶋七党」を率いて後詰《ごづ》め（敵を背後から攻めること）を命じたという。しかし、嘉隆が志摩に引き揚げると、加藤は長島城に撤退するが、堀内に攻撃され、長島城は落城した。この戦いのことを、近世の九鬼家では重要な戦いと認識していたようで、『寛永伝』では長島の一向一揆攻めに触れずにこの戦いを挙げているほか、『寛政譜』でも長島攻めよりも前に触れている。九鬼氏にとって、三鬼城攻めは嘉隆が嶋衆である「嶋七党」を率いて戦ったという点で、画期とすべき事績として認識されていたようだ。とはいえ、まだこの段階で嘉隆が嶋衆を従え、志摩国を手中に治めていたわけではなかった。そのことは次の史料からわかる（〈年不詳〉霜月廿七日　九鬼嘉隆書状写「米山文書」）。当時の嘉隆と嶋衆との関係を探るうえで、示唆に富む史料である。

先度は早々御懸け合わせ御別儀なき通り、本望の至りに候処、三助殿様へ申し上げ候、定めて御礼有るべく候、弥五助条々子細候えども、むけなきと思し召し候はんと迷惑仕り候、おのおの向後いよいよ御入魂候通り、何様とも御存じ付け次第仕るべく候間、拙者悪事に候わば、我として存ぜず候間、御心置かず御異見頼み奉り候

（現代語訳）
先日の早速の合戦でも御勝利とのこと、北畠信雄様へも申し上げました。きっと（信雄から）御礼があるでしょう。弥五助（九鬼澄隆）の件は仕方のないこととはいえ、冷たい仕打ちと思われ

ているのなら、困ったことです。今後はますますの入魂をいただいて、そちらの思うように働くつもりです。もし私に至らない点があったら、自分でも気付いていないでしょうから、なんなりとご叱正をお願い申し上げます

この史料は嶋衆の一氏であった越賀氏の一族に伝えられた書状の写しであり、原文書は確認されていない。織田信雄の「三助」は通常は「三介」と表記されるべきであり、「思召候〝半〟与」といった近世中期以降でないとありえないような表記があり、改訂されて写されたと考えられるため、原文書の発見が待たれる。

宛先は嶋衆の越賀弥六郎《やろくろう》で、主な内容は、①越賀の戦功を嘉隆から信雄に披露され、信雄が弥六郎に「御礼」を賜うこと、②弥五郎（澄隆）の死去、ないしは失脚をめぐって嘉隆に不穏な噂があったこと、③越賀氏に今後とも協力を依頼すること、の三点である。内容から天正三年頃と考えられる。

①について、信雄は北畠氏を継いだ人物であり、嘉隆は信雄を介してしか越賀氏にものを言えぬ立場だったことがわかる。

②より、嘉隆は甥の澄隆の身上を越賀に釈明しており、澄隆と嘉隆の間に何らかの問題が生じていたようである。元来、嘉隆は澄隆の後見する立場だったが、織田氏の配下となってからは、織田氏の権威を背景に九鬼家当主の座は澄隆から嘉隆に移り、澄隆は当主の座を追われたらしい。

九鬼澄隆の墓　三重県鳥羽市

③では、越賀家に対し、変わらぬ「御入魂」と「御異見」を、腰を低くして求めており、嘉隆と越賀氏が対等の関係に近かったことが指摘されている（黒嶋二〇一二・小川二〇一二）。つまり、嘉隆は三鬼攻めで嶋衆を指揮する立場となったものの、この段階ではまだ志摩国を支配下に治めたわけではなく、あくまで嶋衆は北畠・織田氏の命令によって参加したのであり、嘉隆に下ったわけではなかったと考えられる。

嶋衆の一氏であり、のちに九鬼家の重臣となる青山家に伝わる嘉永六年（一八五三）成立の「青山家由緒書」には、「隆興寺《りゅうこうじ》（嘉隆）様御加勢これ有るべきの旨、信長公仰せ出さるに従りて、御発向の刻、七島へも御触これ有りに付き、（青山）豊前始めて御手に属し罷り向かい候」とあって、嘉隆に加勢せよという織田氏からの命令により、初めて手勢に属したと記している。第二次木津川口の戦いの後に「信長公従り七島御拝領、それより御家頼（来）に罷り成り候」と、正式に配下となったのは第二次木津川口の戦いの後であったと記している。

したがって、嘉隆が嶋衆を配下に治めたのは三鬼攻めの段階ではなく、天正六年（一五七八）の第二次木津川口の戦いの後のようで、志摩国を統一するのには今しばらくの時間を要したのである。

さて、先に挙げた越賀宛ての嘉隆書状のなかから、澄隆と嘉隆の間に何らかの問題が生じていたらしいと述べた。では、澄隆と嘉隆の間には一体何があったのだろうか。九鬼家内では、澄隆が非業の死を遂げたことが伝えられている。享保以前の成立とみられる『志摩軍記』では、嘉隆が澄隆を暗殺したという記述がある。『志陽略誌』には、嘉隆のために横死した澄隆の霊が祟りをなすため、田城の跡に一社を建てて惣領権現として祀ったと記されており、三田《さんだ》藩の九鬼氏は、のちに摂津国の三田へ転封となった後も毎年「田城宮」へ代参使の派遣を行い、田城宮惣領権現を手厚く崇拝していたことが判明しており、現在も澄隆の居城であった田城の城跡は、九鬼岩倉神社として澄隆を祀っている（『三田市史　通史編一』）。

さまざまな説があり詳しい経緯は謎だが、嘉隆が澄隆から九鬼家当主の座を奪い、差配するようになったのだろう。

なお、澄隆の命日は十一月二十三日であるが、没年は不明で、『寛政譜』では天正十二年となっているが、鳥羽市岩倉町の隠殿岡《おんでんがおか》に所在する澄隆の墓には「天正十年十一月二十三日」と刻まれているなど、一様ではない。

第三章　織田信長と嘉隆

長島一向一揆が勃発する

織田信長が天下統一を目指すなかで最大の障壁となっていたのは、大坂本願寺《おおさかほんがんじ》との抗争であろう。元亀元年（一五七〇）九月、本願寺の宗主顕如《けんにょ》は全国の門徒に蜂起を呼び掛けた。これに応じるかたちで伊勢長島（三重県長島町）でも一向一揆が起こった。

元亀二年（一五七一）、織田信長は、伊勢北部の平定を進めるため、伊勢長島の一向宗との戦いに取りかかる。信長の配下となった嘉隆の動向が史料に現れるのは、天正元年（一五七三）の第二次長島の一向一揆攻めのときで、信長と大湊衆とのやりとりのなかで確認できる。大湊は、十五世紀から海運の一大拠点として繁栄していたところで、伊勢神宮への貢納物が海上から運ばれたり、参宮人が船で渡ってくる際の玄関口となったり、造船業も盛んな自治都市であった。織田信長が伊勢に進出してきた頃の大湊には自分の船を使って伊勢湾岸沿岸や志摩・熊野地方、遠くは関東へも物資輸送するような廻船業者が存在していたらしい。

第二次長島攻めで、嘉隆は織田方の水軍として桑名へ出陣している。天正元年十月十三日付けの北畠具房《ともふさ》奉行人房兼《ふさかね》の大湊宛奉書中には「桑名浦に於いて、九鬼申合い、御方様御陣所へ一日も早々御合点申さるべく」（「太田家古文書」）とあり、九鬼氏の名もみえる。現在のところ、これが一次史料にみえる嘉隆の動向を記す初見である。

また、同年十月晦日付けの北畠氏被官で、大湊担当の奏者である鳥屋《とりや》尾《お》満栄《みつひで》の大湊宛書状には、「桑名表へ差越され候二艘の船、一艘は九鬼方へ預け置かれ候、今一艘は下野方へ預けられ候申し候（以下略）」（「太田家古文書」）とあり、満栄が大湊衆に船二艘を桑名へ送るように指示している。そのうちの一艘を九鬼に預け置くように指示しており、信長の傘下として嘉隆が参戦していたことがわかる。そのほか、大湊衆と九鬼氏の間に何らかの交流があったこともわかる。

また、信長は大湊に船の提供を命じるも、大湊はなかなか船を派遣せず、ようやく派遣した船は、兵船に仕立てる目的であろうか、船に材木と船大工が乗ることが定められ、志摩国答志（鳥羽市答志町）

織田信長画像　兵庫県立歴史博物館蔵

の「海の勢力」を上乗りさせて航路の安全を図ることが命じられている（「大湊文書」）。この「答志《とうし》衆《しゅう》」が嶋衆の一派なのか、いかなる勢力であったのかは不明である。しかし、答志に上乗りを依頼される有力な海上勢力がいたことを示すとともに、嘉隆がこの時点でまだ自身で「答志衆」を従える立場になかったことを示している。

そして、天正二年（一五七四）の七月十五日、信長は大軍をもって長島攻撃にかかる。東・西・北の三方から攻撃し、南側の伊勢湾には大湊などの大船数百艘を並べ海上封鎖を行った。嘉隆は「安宅船」と呼ばれる軍船十艘を率いて長嶋に攻め入り、信雄の手に属して大嶋の城に向かい、要害を破り突破口を開いた。この戦功により、信長から感状を得たとされる（『信長公記』『寛政譜』）。

なお、『信長公記』には、嘉隆のほか、滝川一益・伊藤実信《いとうさねのぶ》・水野直盛《みずのなおもり》らが安宅船に乗っており、他の武将は「囲い船」、そのほかは諸浦から寄せ集められた船と区別して書かれている。このとき、尾張や伊勢の諸浦から数百艘の海上兵力が長島方面に結集していたらしい。

しかし、この段階の織田氏の水軍構成は寄せ集めのようなもので、九鬼氏もまだ織田水軍の主力を担うまでには至っておらず、組織的な水軍が整備されていない様子がわかる。嘉隆は長島攻めの戦功により、以降、織田水軍の将として、さらに活躍していくのである。なお、この時期の嘉隆は、「右《う》馬允《まのじょう》」と呼ばれている。

第一次木津川口の戦いと大船の建造

長島の戦いの後も、信長と大坂本願寺との抗争は継続していた。天正四年（一五七六）二月、信長に京から追放された足利義昭は毛利氏に信長追討を要請し、毛利氏も信長との対決を決意した。毛利氏は、七月には兵糧攻めに苦しむ本願寺の救援に動く。能島《のしま》村上元吉《もとよし》・来島通総《くるしまみちふさ》・児玉就英《こだまなりひで》・乃美宗勝《のみむねかつ》らが大船八百艘を率いて来航した。能島・来島の両村上海賊に加え、児玉就英は毛利氏の水軍を指揮する立場にあり、乃美宗勝も、小早川《こばやかわ》氏のもとで村上氏との交渉を担当し、共に転戦していた武将である。能島村上氏の当主村上武吉、来島村上氏の当主通総は参加していなかったものの、強力なメンバーだったといえる。

毛利水軍とそれを阻止せんとする織田氏との戦いは、七月十三日から十四日にかけて行われた。合戦に参加した諸将が連名で提出した注進状（報告書、「毛利家文書」三三八）には、次のように記されている。

毛利の軍勢は淡路《あわじ》（兵庫県淡路町）の岩屋に集結し、十二日には大坂湾岸の泉州の貝塚に渡り、そこで雑賀衆《さいかしゅう》と落ち合った。翌日、堺・住吉表・木津川河口の辺りを偵察したところ、織田方の水軍は、井楼（高い櫓）を組み立てた大船の左右を二〇〇余艘の軍船が警固するという布陣であった。

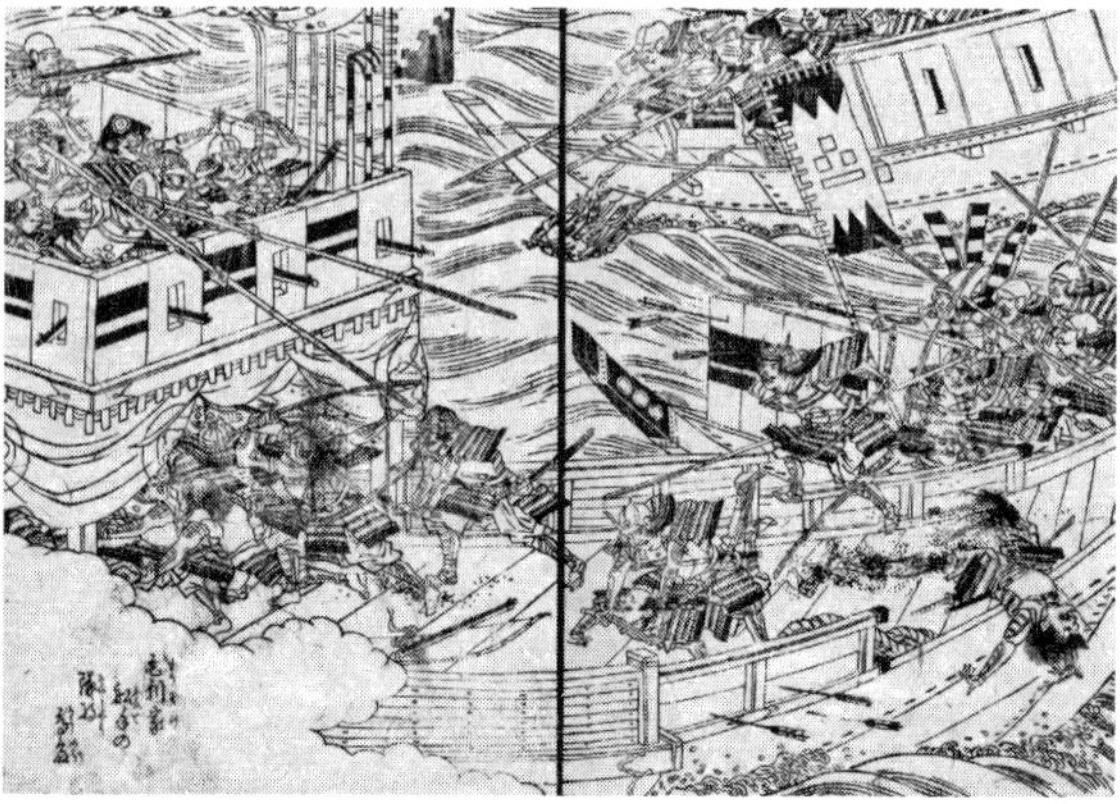

『絵本拾遺信長記』に描かれた毛利水軍との戦い　当社蔵

この状況下では織田方と戦に及ばずに本願寺に兵糧を搬入するのは不可能なので、雑賀衆と評議した後、行動を起こした。敵の軍船には和泉《いずみ》・河内《かわち》・摂津の国々の陸上部隊が乗り込んでいたが、十三日から十四日の早朝までに悉く討ち果たし、彼の敵の大船も残らず焼き崩した。

『信長公記』によると、能島・来島村上水軍の「ほうろく火矢」を駆使した攻撃により、織田水軍の船は焼き崩されて大敗したとされている。

この敗戦を受けて信長は、嘉隆に大船六艘、滝川一益に一艘の白船を建造するように命じた。

九鬼氏は、信長に命じられて建造した「鉄甲船」とされる大船や朝鮮出兵の際に建造された「日本丸」など、数多くの造船に携わっているが、これらの船は一体どこで建造されたのであろうか。九鬼氏の大船の造船場所は、「信長より伊勢浦において大船申しつけられ」（下間頼龍・同仲之連署状「万福寺文書」）、「信長が伊勢国において建造せしめたる」（「耶蘇会士日本通信」）といった史料の記述から、伊勢であったことは確実である。これらの記述から、一般的には造船が盛んであった大湊で建造されたとされている。大湊は宮川《みやがわ》支流と勢田川《せたがわ》の河口にあり、南北朝時代から伊勢湾や関東をはじめとした東国などを往来する廻船の一大拠点として発達したことで知られる伊勢神宮の外港である。また、宗教都市山田とともに、自治都市としても知られる。

中世末期には今川《いまがわ》氏や北条氏などの有力大名との関係が深くなり、「伊勢船」などの廻船の往来も次第に増えていった。「伊勢船」は大湊で建造されたとされる大型船で、この時期の主力廻船の一つとされていた。

九鬼氏が軍船を大湊で建造したことを示す直接的な史料は、残念ながら確認されていない。しかし、慶長期の九鬼氏の造船に関する文書から、鳥羽も含めた大湊周辺で建造されていることを鑑みると、嘉隆が建造を命じられた大船六艘は、大湊やその周辺で建造されたのだろう。

天正六年（一五七八）六月二十六日、大船六艘を建造した嘉隆は熊野浦経由で大坂湾へ向かい、七月十四日に和泉国淡輪に到着した。その前後に海上で紀伊雑賀衆の小船が矢を懸け、鉄砲で攻撃してきたが、敵船を近くに寄せ付け、大鉄砲にて砲撃して敵船を撃破した（『信長公記』）。

なお、このとき嘉隆は、熊野浦経由で大坂に向かっている。紀伊国は、かつて三鬼城攻めで抗争した堀内氏善の勢力圏のはずだが、交戦したという記録はない。しかし、その後、堀内氏は反織田陣営からの脱却を図ったようで、氏善の室は嘉隆の養女とされていることから（『寛政譜』）、氏善は嘉隆と和睦したらしい。小川雄氏は、天正九年（一五八一）二月に信長が氏善に紀伊国境の相賀（三重県南伊勢町）から熊野新宮までの知行を認めていることから、これを九鬼氏と堀内氏の和睦を追認した結果であると指摘されている（小川二〇一二）。

嘉隆らの船団は、七月十七日に堺の港に着岸した。この大船に人々は驚き、翌日には大坂湾の海上を封鎖し、警固を行ったという。

同年九月二十七日に、信長は嘉隆に建造させた大船を検分するため、京都を出発し、三十日の早朝から堺の港に出かけた。嘉隆は、大船に幟・旗指物を立て並べ、幔幕《まんまく》を引き廻して飾り立てた。信長はただ一人で九鬼の大船に乗り込み、検分した。その後、嘉隆を召し寄せて、黄金二十枚、衣服十重、菱喰の折箱二箱を賜った。さらに九鬼と滝川ともに各千人分の扶持が加増されたと記されている（『信長公記』）。

鉄甲船の謎

第一次木津川口の戦いの敗戦を受けて、信長が嘉隆に建造させたこの六艘の大船は、「鉄甲船」と呼ばれ、鉄板で装甲された船が毛利水軍の焙烙《ほうろく》火矢による攻撃を退け撃破したというのが通説となっている。嘉隆や九鬼水軍を語るうえでもっとも著名な戦いとして、これまで多くの研究やメディアなどでも取り上げられてきた。

しかし、従来から指摘されているように「鉄甲船」について触れている史料は、奈良興福寺の僧侶であった多聞院英俊《たもんいんえいしゅん》の『多聞院日記』（天正六年七月二十日条）の次の記述のみである。

一、堺浦へ近日伊勢より大船調い付き了。人数五千程のる。横へ七間、竪へ十二、三間もこれ在り。鉄の船なり、鉄砲とをらぬ用意、事々敷儀なり。大坂へ取より通路とむへき用と云々、

堺港に伊勢からの大船が到着し、その大船は、横七間、長さ十二・三間と記しているが、幅に対して短小過ぎるため、伝聞の誤りか誤記と推定されている（石井一九九五）。

一方、『安土日記』に記される大船の具体的な寸法は「大船六艘長さ十八間、横六間」とあり、こちらが現実的な寸法であろう。

問題は、この後の「鉄ノ船なり、鉄砲とをらぬ用意」の解釈である。この史料は、英俊自身が直接見たものではなく、堺からの伝聞を記している。そのため、史料的な根拠がないという見解もあり、近年、鉄甲船の解釈に新たな視点が提示されている。

黒嶋敏氏は、応永十九年（一四一二）六月に日本海の小浜湊に南蛮船が入港していることや、南蛮船が「黒船」、中国のジャンク船が「白船」とする研究（黒田一九八六）から、「鉄船」を「クロガネ

ノフネ」と読み、西洋の「黒い船」の南蛮船であった可能性を指摘している。また、白船は中国のジャンク船に似ている可能性があるという（黒嶋二〇一二）。

「黒船・白船」と記された船について検討された安達裕之氏は、戦国時代から文禄・慶長期の水軍の主力艦は安宅船であり、英俊のいう「鉄ノ船」は上廻りに薄い鉄板を貼った安宅船を意味し、一益の船は鉄板装甲を施さない白木の安宅船であるため白船と呼ばれた可能性を指摘している（安達一九九八）。黒嶋氏はこの見解に対し、白船は安宅船とは記載されていないことや、大鉄砲の製造に中国系の技術者が関与していたことを指摘して、疑問を呈している。

一方、九鬼の大船を実際に見ている人物はどのように記録しているだろうか。

次の史料は、堺での観艦式の様子を見た宣教師オルガンチノが、ルイス・フロイスに宛てた天正六年（一五七八）九月三十日付けの書簡（「パードレ・オルガンチノの都より発したる書翰」、耶蘇会士日本通信）である。

当地の事は既に尊師に書き送りたるが、其後起りしは昨日日本の重要なる祭日（盂蘭盆会）に信長のフネ七艘堺に着きたる事なり。右は信長が伊勢国において建造せしめたる日本国中最も大きく、又華麗なるものにして、王国（ポルトガル王国）の船に似たり。予は行きて之を見たるが、日本に於て此の如き物を造ることに驚きたり。信長が其建造を命じたるは四年以来戦争をなせる大坂の河口に之を置き、援兵または糧食を搭載せる船の入港を沮止せんが為めにして、之に依りて、大坂の市は滅亡すべしと思はる。船には大砲三門を載せたるが、何地より来りしか考ふること能はず。何となれば豊後の王が鋳造せしめたる数門の小砲を除きては、日本国中他に砲なきことは我等の確知する所なればなり。予は行きて此大砲と其装置を見たり。又無数の精巧にして大なる長銃を備へたり。（後略）

これによると、主な内容としては、次の四点である。

①信長の船七艘が堺に着いたが、この船は信長が伊勢国で建造を命じた。
②日本国中でもっとも大きく、また華麗で、日本でこのような船を建造したことに驚いた。
③信長が建造を命じたのは、四年以来抗争している本願寺への補給路を断つためで、これによって本願寺は滅亡するだろう。
④船には大砲三門と無数の長銃を載せている。

オルガンチノの記述では、船の防御性には触れておらず、「大砲」「長銃」という当時としては珍しい大型の火器が装備されていることに驚いている。

この大船は、伊勢で建造された船とはいえ、九鬼氏側の記録では「大砲」や「石火矢」のことしか触れておらず、防御性に関する記述はない。また、九鬼氏に伝わる戦国大名が建造した安宅船の寸法を記した「志州鳥羽船寸法《ししゅうとばふねすんぽう》」にも、日本丸や三国丸などの記録はあるが、この大船に関する記載はない。当時としては最先端の火器である西洋式の大砲や無数の長銃を搭載したこの大船が、安宅船のタイプだったのかは明記されていない。しかし、九鬼氏が建造を請け負ったのであれば、建造した船は安宅船と考えるのが妥当であろう。なぜなら、当時、安宅船に替わるような洋式の軍船を建造できる技術が日本にあったとは考えにくいからだ。

実際に、これ以降に九鬼氏が建造した日本丸や三国丸といった大型の軍船はいずれも安宅船であり、安宅船とは異なるタイプの軍船を建造していない。また、時期はやや下るが、天正十五年に豊臣秀吉は、九州攻撃の後に、博多で大砲を乗せた「フスタ船」という洋式の軍船を見学し、イエズス会を通じて入手しようとしたが拒否されている（藤田二〇一二）。このことからも、日本で南蛮船を建造できる技術はなかったからこそ秀吉は入手したかったのだと考えられよう。以上のことから、嘉隆が建造した大船のタイプは安宅船であった可能性が高い。

では、鉄甲船についてはどうであろうか。「鉄砲とをらぬ用意」という記述については具体的な表現であり、堺から四十キロメートルほどの奈良にいる英俊に届いた風聞それほど荒唐無稽なものとは考えにくい。

鉄板を貼った軍船の存在は、決して荒唐無稽な話ではなく、のちの秀吉の時代の記録にも散見される。天正六年（一五七八）から十五年後の文禄二年（一五九三）正月十七日に豊臣秀吉から藤堂高虎に宛てて、「其の方の大船、鉄にて丈夫に申しつけ候由尤もに候」（『宗国史』）とあり、朝鮮水軍に対抗するため、高虎が船体防衛のために鉄板装甲したことを賞している。また、同年二月十二日には秀吉から徳川家康に朝鮮渡海用の「筑紫大船」を建造するように命じている。これを受けた家康は、関東領内の名護屋に在陣していない大身家臣に対し、一万石につき「くろがね板」と呼ばれる装甲に用いる鉄板一五〇枚を徴収したことが『家忠日記』に記されている。つまり、文禄・慶長の役当時の軍船は鉄板で装甲されていたこととわかる。

一方、『フロイス日本史』によると、宣教師ロドリゲスが名護屋で「水面から鉄板で掩《おお》われ」た「大きい船舶」が存在したことが記録されている。しかし、「船は弱体で、船骨に欠陥があったため、幾隻かは裂けて沈没して」しまったという。この鉄船は、朝鮮出兵の時に、明からの使節が来るタイミングに合わせて、とにかく秀吉の権威を見せつけるために、より過剰に装飾を施した船だったのではないかという指摘がある（黒嶋二〇一二）。すぐに沈没したということで、実戦に備えた船であったかはわからない。しかし、秀吉の時代の記録ではあるものの、船体に鉄板が使用されている事例も複数確認できるので、鉄甲船の建造が荒唐無稽なものではなく、天正六年当時でも、建造自体は可能といえる。

以上のことから、嘉隆が信長の命を受けた大船六艘が鉄甲船だったか否かは、『多聞院日記』の記述以外には確認できない。九鬼氏自身の記録も含め、他の史料では大砲や長銃の記述のみである。しかし、この時期に安宅船に替わるような洋式の軍船を建造できる造船技術があったとは考えにくく、秀吉の時代の軍船に鉄板で装甲されている事例も確認できるので、安達氏が指摘するように上廻りといった船体の一部に防御用の鉄板を貼った安宅船であったと考えるのが現実的ではなかろうか。

さて、この大船の消息はまったく記録からは確認できず、消息は不明である。ただ、天正十三年（一五八五）に秀吉による紀伊国攻めで小西行長が使用したのは「信長が支那人に命じてイセン（伊勢）の国に於いて鋳造せしめたる大砲一門、幷に小砲数門」（「日本耶蘇会年報」）とあって、信長が伊勢国で鋳造させた大砲であると記述している。黒嶋氏は、伊勢国で鋳造されたものであることに着目し、天正六年（一五七八）建造の大船に搭載されたものではないかと指摘されている。

筆者はこの記述から、嘉隆の建造した大船がすでに解体されていて、搭載されていた大砲が転用されたと捉える。なぜなら、信長は、元亀四年（一五七三）に足利義昭が信長に反旗を翻した際に佐和山《さわやま》（滋賀県彦根市）で「長さ三十間、横幅七間、櫓を百挺付け艫と舳先に櫓を立て」た大船を建造させている。また、天正四年（一五七六）に、第一次木津川口の戦いで毛利水軍に敗れているにもかかわらず、今はもう大船は必要ないとしてこの大船を解体させており（『信長公記』）、かなり場当たり的な対応をしている。そうなると、伊勢で建造された大船も、天正十三年（一五八五）の時点ではすでに解体されたが、引き続き大砲は再利用されていたのではないだろうか。

　鉄甲船の問題は史料が限られているため、従来からの指摘にこれ以上踏み込めないが、日本の海戦史上における大きな謎の一つであるため、今後の新たな史料の発見に期待するほかない。

第二次木津川口の戦いで勝利を引きよせる

　天正六年（一五七八）十一月六日、大坂湾を海上封鎖する九鬼氏をはじめとする織田氏の水軍と、本願寺に救援物資を送る毛利方の水軍が激突した。世にいう「第二次木津川口の戦い」である。

　木津沖へ攻め寄せた毛利方の船六百艘に対し、嘉隆の戦隊が出撃した。敵はこれを包囲して南へ押し戻しつつ、辰の刻（七時〜九時）から午の刻（十一時〜十三時）まで海戦となった。初めのうちは毛利方の攻撃に苦戦を強いられた九鬼氏であったが、六艘の船には西洋式の大砲があるため、敵船を間近に引付け、大砲を打ち込み大破させた。以後、敵船は恐れて寄り付かなくなり、九鬼は敵船数百艘を木津の河口へ追い込んで撃破したという（『信長公記』）。

　木津川口の戦いに関連するものとしては、信長から嘉隆に送られた感状（〈十月十三日付〉織田信長黒印状、大阪城天守閣所蔵文書）が知られる。

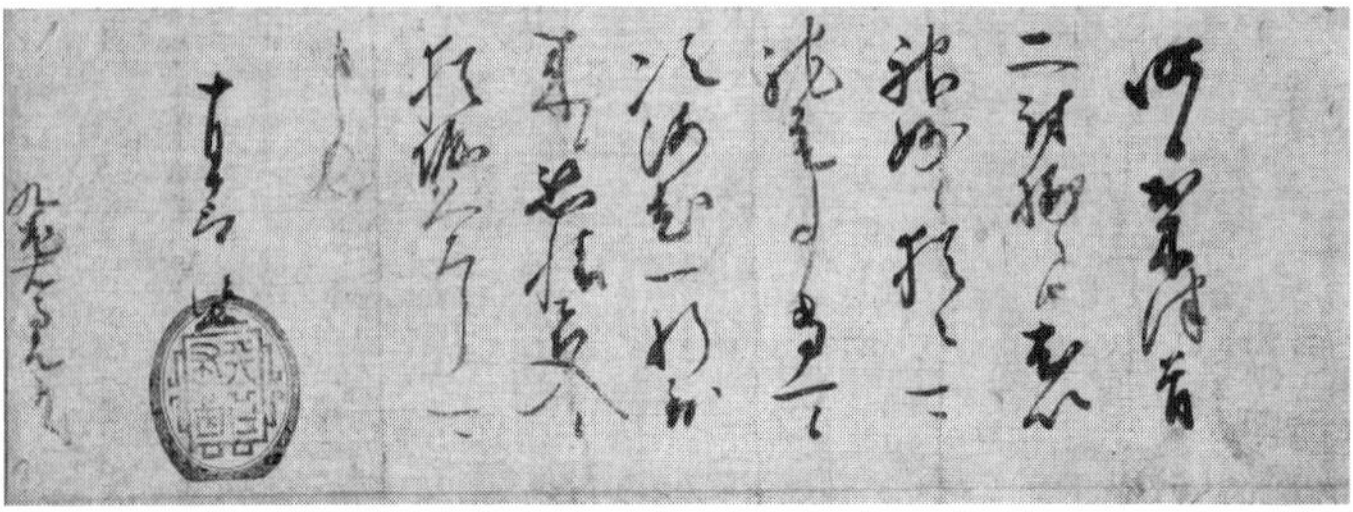

織田信長黒印状　大阪城天守閣蔵

昨日木津において首二つ討ち取り候よし。もっとも以て神妙に候、なおなお馳走すべき事専一候。次に海老一折到来候、懇情喜び入り候、なお久太郎もうすべく候なり。

文意は、「木津で敵の首を二つとったということを聞いた。非常に素晴らしいことだ。今後も励むように」という内容である。

これらの史料には、織田方の大勝利であったと記されているが、毛利方・本願寺方の史料では、「諸警固一昨日六日、木津浦に至り御着岸候」と毛利方の警固船が木津浦に着岸したことを記している（十一月八日付け下間頼廉書状「毛利家文書」八三二）ほか、「去る六日、木津に至り諸警固乗り入れ、大坂衆と申し談じ候、敵船も罷り出候と雖も、舟軍等勿論この方勝利を得候」（「毛利家文書」八三四）と述べており、毛利方の勝利であったように記されている。ただし、先の第一次の木津川口の戦いの勝利の際の記述に比べると、詳細な記述がなく、簡易な表現で触れているのみであり、毛利氏の記述がすべてその通りであるかは疑わしい。また、翌年正月五日、嘉隆は堺の港から安土に来て、信長に年頭の挨拶を行っている。信長から

香川元太郎画 第二次木津川口合戦　今治市村上海賊ミュージアム蔵

は「今は大坂の情勢もやや暇だから、故郷へ帰り、妻子の顔を見て、またなるべく早く戻ってくるがよい」と褒めの言葉と休暇をもらった。嘉隆は満足して、伊勢へ帰って行ったという（『信長公記』）。

　これらのことからも、第二次木津川口の戦いは、嘉隆率いる織田軍が勝利したと考えられる。この戦いを転機に、徐々に大坂湾をめぐる攻防は織田方優位の状況になっていく。

　また、この戦いの後、嘉隆は信長から志摩国七島と摂津国野田、福島で七千石の加増を得たとある（『寛政譜』）。「七島」とは嶋衆の七氏の知行地のことのようで、彼らを支配する存在であることを信長に認められたのだろう。嘉隆は、この戦いの戦功により志摩国の支配権を確立していったといえる。嶋衆であった越賀氏・青山（和具）氏は、近世に記された自家の家譜に、「信長公より七島拝領、それより御家来に罷り成り候」（「青山家由緒書」）とあり、第二次木津川口の戦いの後に嘉隆の家臣となったことを伝えている。嘉隆はついに嶋衆を従え、志摩国を支配下におくことに成功したのである。

嘉隆と堺のネットワーク

嘉隆は、志摩を拠点に活動していたと思われがちだが、織田政権下の天正六年（一五七八）七月に堺に入港してから本願寺攻めが落ち着く天正九年（一五八一）春までの間、天正七年（一五七九）春に伊勢へ一時帰国したのを除いて、基本的には堺に滞在していたようだ。これは、『宗湛日記』（戦国期に茶人として知られる神屋宗湛《かみやそうたん》が天正十四年（一五八六）から慶長四年（一五九九）三月十五日までの間の茶事を記した日記）や、『天王寺屋會記《てんのうじやかいき》』（堺の豪商津田宗達《つだそうたつ》、宗及《そうぎゅう》、宗凡《そうぼん》の三代の日記）のなかで嘉隆の名前が確認できることから判明した。当時、茶会は大名の社交場としての意味合いをもっていた。信長や秀吉が頻繁に催し、茶器などを与えていたことが知られる。

彼らの日記をみてみると、嘉隆は津田宗及・銭屋宗訥《ぜにやそうとつ》・薮内道和《やぶうちどうわ》といった人物と交流していることがわかる。まず、津田宗及は安土桃山時代の堺の豪商・茶人であり、今井宗久《いまいそうきゅう》・千利休《せんのりきゅう》とともに信長や秀吉の茶頭を務め、三宗匠《そうしょう》と称された。信長とは親密な関係にあり、天正二年（一五七四）

の相国寺茶会では、皇室の御物《ぎょぶつ》である蘭奢待《らんじゃたい》（香木）を利休とともに与えられるなど、信頼を得ていた人物である。天正六年（一五七八）に嘉隆が建造した大船の観艦式に信長が見聞した後、宗及の家にも立ち寄っている（『信長公記』）。

銭屋宗訥は、堺の豪商で同じく茶の湯を嗜んだ人物であり、藪内道和も茶人である。とくに道和は嘉隆と親交が深かったのか、頻繁に茶会に同席している。

宗及など堺商人と嘉隆の交流は、信長の死後、秀吉の時代にも続いており、織田氏の配下として大坂湾の警固役にあたる中で、嘉隆は堺商人との繋がりを形成していったのだろう。志摩と堺の両地域は共に海上交通の要衝でもあり、とりわけ堺は、地域流通の拠点、瀬戸内流通の接合点として大坂湾岸で流通の中核を担うほど発展していた。宗及ら堺商人とのパイプを有していた嘉隆は、海上航行や造船にかかる資材調達の面などで、大きな恩恵を受けていたようだ。時代はやや下るが、息子の守隆が安宅船「三国丸」を建造する際に、材料の鉄は大坂から調達していることから、信長の大船建造以降にも九鬼氏が大型の安宅船を建造できた要因は、こういった堺とのネットワークを有していたことも背景としてあったのかもしれない。

第二次木津川口の戦い以降も海上警固に従事する

第二次木津川口の戦い以降も、嘉隆は大坂本願寺の海上封鎖に従事していた。天正七年（一五七九）六月には、嘉隆は大坂湾で兵糧の欠乏に陥り、堺・平野からの補給で当座の苦境をしのぐ形勢となった（「宮部文書」）。その背景には、大坂湾・伊勢湾を繋ぐ紀伊国沿岸に、雑賀衆・新宮堀内《しんぐうほりうち》氏など、足利義昭・毛利氏の陣営に味方する勢力がいるため、九鬼氏などは本拠から補給を廻漕することが難しかったからだと考えられている（小川二〇一二）。

さらに、九月に雑賀衆の水軍が和泉国佐野浦に進出すると、織田方は嘉隆の持船を派遣して対応させた（「日根野文書」）。水軍を出動させて、大坂湾の海上戦略を再建しようとしたが、複数の敵戦力に兵力を抽出してしまい、本願寺に対する海上補給の遮断には専従させられなかったことになる。

なお、この際に嘉隆は佐久間信盛《さくまのぶもり》・信栄《のぶひで》親父子を通じて和泉国の国人領主《こくじんりょうしゅ》であった真鍋《まなべ》氏の案内を受けており、嘉隆の海上活動が和泉衆によって支えられていたことがわかる。

天正六年（一五七八）、伊丹有岡城（兵庫県伊丹市）主の荒木村重は、信長から、部下が密に本願寺に物資を供給しているとの嫌疑をかけられ叛逆を決意し、有岡城に立て籠もった。しかし、翌年九月、村重自身が数人の近習だけを連れて尼崎城に脱出し、城主なき有岡城は同年十一月に落城した。

ついで、天正八年（一五八〇）二月、信長は、池田恒興に、村重の一族荒木元清の守る花隈城の攻撃を命じ、嘉隆も参戦した。城兵が生田の森に出て池田勢と戦っている間に、嘉隆率いる水軍が河口から攻め入り、首十三級、生捕二十二人を得て、同年七月二日に花隈城は落城した。

この戦いで嘉隆の戦功を示した感状が、織田信雄から発給されている（『三資近二』）。感状では、「祐助・智積寺《ちしゃくじ》、毎度粉骨比類無き候、能々この旨申聞かすべき候」とあり、九鬼水軍として動員されていた「祐助」・「智積寺」の働きを称賛している。嘉隆が信雄から彼等への褒賞を伝達されていることから、嘉隆の直属の上官が信雄であることがわかる。

花隈城跡　神戸市中央区

信長と嘉隆の主従関係について、直属の伝達経路を持っていたのは本願寺攻め従軍中、それも大船による軍事行動に関する事案に限定されているとの指摘がある（黒嶋二〇一二）。つまり、嘉隆の立場は原則として信雄の被官であり、本願寺攻めでは臨時に信長配下の指示系統に入ったものとして、嘉隆は織田信長の「水軍大将」ではないとする見解である。

しかし、嘉隆は、大坂湾での活動を通じて信長との関係を緊密化させており、天正六年（一五七八）の大船見物の後、信長は住吉の宿所に嘉隆を召喚し、配下の千人に「御扶持」を給付することを通知している。また、天正七年の安土城での年頭儀礼や、信長から嘉隆へ贈り物に対する礼状（「九鬼家文書」神戸大学蔵）などから、基本的には信雄が上官であったとはいえ、大坂湾の海上軍事などの有事の際、信長は嘉隆に直接命令を出しており、信長と嘉隆の間には、信雄を介さない直接的な主従関係もあったといえる。

天正八年（一五八〇）閏三月には織田氏と本願寺の間で和平交渉が合意し、本願寺は大坂を退去することになる。このとき、信長は嘉隆に、海上封鎖の解除と本願寺の退去による混乱を抑止するための警戒態勢の継続を指示している（『南行雑録』）。また、この指令は滝川一益の指揮下の船にも伝えるように命じられており、大坂湾の海上警固は、嘉隆と一益が指揮官としてあたっていた。

本願寺の退去後も織田方と毛利氏の攻防は続いていた。羽柴秀吉は播磨を攻略していくにつれて、宇喜多氏を織田方に転向させるなどして、徐々に淡路島や大坂湾周辺を占領していった。

天正十年（一五八二）と推定されている三月四日付けの羽柴秀吉から宇喜多氏に宛てた書状のなかに「警固舟のこと、淡路の船・くき舟警固舟、その上当国の諸浦の舟どもの事は申すに及ばず、ことごとくもって申し付け候（後略）」（「岡本文書」）とあり、九鬼氏が淡路衆と共に備前の方面に向かうように命じられている。天正十年（一五八二）三月の段階でも、嘉隆は引き続き織田氏の指揮下で堺を拠点にして海上警固に従事していたようである。

徳川家康と嘉隆の交流

さて、嘉隆の大坂湾の警固に活動は、徳川家康も関心を抱いていたようで、家康から嘉隆へ宛てた書状が知られる（「九鬼文書」）。内容は「このたび御加勢として渡海し、無事にその港町に着岸したとのこと、結構なことです。さてこちらの戦況は、敵がそうとう苦戦していることが明らかでまもなく敗北を認めるでしょう。そのときは予定どおり打ち取るつもりです。御安心めされますよう」というものである。家康が嘉隆の加勢のための渡海を労い、家康自身の戦況が優位に展開していることを知らせている。この書状の年代は、九月晦日の日付から天正六年（一五七八）の大船の堺への入港に関連するものと考えられている（『三資近一』二一一）。

徳川家康画像　東京大学史料編纂所蔵模写

嘉隆と家康との交流を示す史料は少なく、家康から嘉隆へ送られた書状はこの一通しか確認されていない。両者に交流があったことを示す貴重な史料であるが、なぜ家康は嘉隆に接近したのであろうか。

嘉隆は天正六年（一五七八）以降、堺に滞在していたようで、そこを拠点に大坂湾の警固の任務や播磨・淡路における戦いに従事している。そして、津田宗及といった堺商人と茶会を通じて頻繁に交流し、深い関りを有していたらしい。しかも、嘉隆は本願寺攻めの際に伊勢志摩から海上勢力を率いて紀伊半島を通って堺に入っている。つまり、この海域を通行できる実力を有するだけでなく、大船を造船できる能力も有していたことがわかる。これは、有事の際に商品流通路の確保や造船で非常に有効である。

また、当時、家康は敵対していた武田氏と比べて水軍の編成には遅れをとっており、武田水軍との戦いで苦戦を強いられていた経験もあり、嘉隆を引き入れる目論見もあったのではなかろうか。実際に家康は、武田氏の滅亡後、武田氏の海賊衆であった小浜氏・向井氏を自身の海上軍事勢力に取り込んでおり、堺商人とのパイプや伊勢湾に権限を有していた嘉隆を重視し、友好的な関係を結ぼうとしていたのだろう。

重要な転機となった鳥羽進出

九鬼家を差配するようになった嘉隆が、のちに居城とする鳥羽に進出した時期はいつになるのだろうか。残念ながらこの過程は不明な点が多く、同時代の一次史料では確認できない。とはいえ、志摩地域の歴史において重要な転機となる事項なので、以下、近世史料に拠るほかないが紹介しておきたい。

『志陽略記』によれば、嘉隆が支配する以前の鳥羽は、保元・平治の乱以来、橘《たちばな》氏が代々伝領してきたもので、世に「鳥羽殿」と称され、志摩国の国人領主たちの盟主的地位だったという。一方で、先述したように中世史料では志摩国泊浦（鳥羽市鳥羽）の関係で九鬼氏は多く登場しており、橘氏を伝説上の存在として鳥羽は一貫して九鬼氏が伝領してきたという見解（稲本一九八五）や、九鬼氏以外の名字として「泊・相差」などがあり、中でも「泊」は九鬼氏惣領が九鬼と併行して用いる名字と考えられるとする指摘もある（伊藤二〇二〇）。

では、この「橘氏」とは一体何者であろうか。『志州旧記』では、鳥羽城主原監物《はらけんもつ》（橘宗忠《むねただ》）には娘が一人だけおり、鳥羽の地を手に入れたいと企んだ嘉隆が、二男守隆を家督として姻戚関係を結んで監物を隠居させ、まんまと橘家を乗っ取ったとする。九鬼氏と橘氏との親族関係は九鬼氏にとって大きな意味を持ったようで、近世の九鬼氏の家臣家譜には、家臣でもない監物のことがわざわざ記されている（「三田藩九鬼家臣系譜」）。ただ、鳥羽氏こと橘氏が嶋衆の盟主的な存在ならば、嶋七党に名を連ねているなかで有力な一族であった「泊」氏が相当するとみられる。

九鬼家の系譜からみてみよう。『寛政譜』では、嘉隆の正室を、「室は原監物宗忠が妹」と記し、息子守隆の正室についても「室は原監物宗忠が女《むすめ》」と記している。家臣の越賀隆俊の妻も「志州鳥羽之城主原監物宗忠が妹」とされる。また、九鬼氏とは別に、小浜氏の系図をみると、『寛永伝』の項にはすでに光隆の母として「鳥羽監物が妹」とあり、九鬼氏と敵対していたこともある小浜氏の系譜にも「監物」が登場しているのである。

したがって、原（鳥羽）氏を嶋衆の共同幻想と片付けてしまうのは早計である。やはり、「泊」氏こそが中世にあらわれる九鬼氏宗家なのではないだろうか。

中世の志摩地域では、荘園領主に対抗するため、この地域に所領をもつ武士と婚戚関係を結び地域別結合を強化していたことが指摘されており、（藤田一九八四ほか）、十四世紀には那珂（和具・青山氏）氏が伊藤氏や三浦氏と姻戚関係を結び結束していたことが判明している。また、嶋衆には名に「隆」がつく人物がみられるのも、嶋衆間で姻戚関係を結んでいたことを示すのかもしれない。時期こそ下るが、九鬼氏や小浜氏も鳥羽周辺の海域の支配を強化していくために、嶋衆の盟主的な存在であった橘氏（泊氏か）と姻戚関係を結んだのだろう。

また、文献史料以外では、史跡で橘氏のゆかりの地がある。鳥羽城下には、橘氏累代の菩提寺として「吉祥院《きっしょういん》」という寺院があったことが地誌に記されており、鳥羽城絵図にも描かれている。吉祥院は、九鬼氏が城主のときは、鳥羽城の城下町北の日和山にあったが、九鬼氏が去り、内藤氏が城主であった延宝八年（一六八〇）の「鳥羽城古図」（三重県総合博物館蔵）では、城の北東部の一角に移っている。昭和十六年（一九四一）まで実在したが、その後廃寺となり、本尊や橘宗忠の墓も西念寺（三重県鳥羽市鳥羽）に移された。現在、西念寺には吉祥院から移築された墓が残り、中央に「玉岸宗忠」、右に「慶長十年」左に「六月廿一日」と刻されている。位牌には「玉峯宗忠」「享祿二年」「六月二十一日」と記されていたという。

以上のことから、これらの「橘（鳥羽）宗忠」が、嶋衆によって伝説上の人物として記録されたとするにはやや無理があるだろう。嘉隆の後継に長男の成隆ではなく、あえて橘氏の女を正室に迎えた次男守隆に跡を継がせているので、九鬼家が鳥羽を領する大義名分を得るための措置といえる。そう考えると、やはり橘（泊・鳥羽・原）氏こそが中世史料に現れる九鬼氏の系譜であり、代々、鳥羽（泊浦）を領してきた橘氏と姻戚関係を結ぶことで、鳥羽を手中にしたと考えるのが自然であろう。なお、嘉隆は同様の手法で嶋衆であった相差氏に長男の成隆を養子に送り、相差氏を取り込んでいることもその傍証になろう。ただし、現状ではそれを証明する一次史料がなく、筆者の推論に過ぎないが、嘉隆の鳥羽進出や、九鬼氏と嶋衆との関係を考えるうえできわめて重要な事項であり、今後の研究課題としてあえて触れておいた。

第四章　豊臣政権下の九鬼氏

秀吉の配下へ

嘉隆は、織田氏の水軍として活躍し、天正七年（一五七九）正月には安土に招かれるなど、信長から海上軍事の面で相応の信頼を得ていたようだ。しかし、後ろ盾であった信長が、天正十年（一五八二）の本能寺《ほんのうじ》の変により横死した。本能寺の変直後の嘉隆の動向は堺にいたのかどうかも含め残念ながら不明である。

その後、信長亡き後の主導権をめぐる争いは激化していき、同年の清須《きよす》会議では、信長の嫡孫である三法師が家督を継承することになった。しかし、まもなく再び政権の主導権をめぐる争いは激化し、天正十一年（一五八三）年には羽柴秀吉が織田信孝《のぶたか》や柴田勝家《しばたかついえ》を倒し主導権を得ると、天正十二年（一五八四）には織田信雄と秀吉の関係が悪化した。両者は小牧・長久手の戦いで軍事衝突することになる。このとき、嘉隆は秀吉方に与することになった。

なぜ、これまで嘉隆は信雄の被官であったにもかかわらず、秀吉方についたのであろうか。

信雄は従来、織田氏と北畠当主という立場だったが、北畠一門の処遇をめぐって織田家中・北畠家中いずれからも充分な支持を得られていなかった。秀吉が台頭してくると、織田家当主としての実質を急速に失っていき、嘉隆を繋ぎ止められなかったと考えられている（小川二〇一二）。

　そのような背景に加え、滝川一益との関係も重要である。一益といえば、嘉隆が信長の配下となる仲介をしたとされる人物であり、第二次木津川口の戦いでも嘉隆の六艘の大船と一益の大船は協働して戦っており、その後の大坂湾警固もともに従事するなど、織田家の家臣団の中で最も関係の深い人物である。天正十一年（一五八三）十月七日に嘉隆は一益と茶会を行っており（『宗及自會記』）、小牧・

豊臣秀吉画像　佐賀県立名護屋城博物館蔵

滝川一益画像　「肖像集」　国立国会図書館蔵

長久手の戦いでも一益と嘉隆は行動を共にしていることから、秀吉方についた要因としては一益の存在が大きかったのではなかろうか。残念ながら、滝川一益と嘉隆の交流を示す史料類は残っていないが、両者の間には綿密な交流があったはずである。

そして、小牧・長久手の戦いが、尾張・美濃《みの》・伊勢の三ヶ国に拡がる戦いになると予想した秀吉も、海からの攻撃の必要性を感じており、海上勢力の強化のため、織田政権下で水軍としての実績をもつ嘉隆を取り込んだのだろう。

小牧・長久手の戦いを経て一国の大名へ

天正十二年（一五八四）、羽柴秀吉と織田信雄・徳川家康との間に小牧・長久手の戦いが起こる。同年四月八日、秀吉方に付いた嘉隆は、織田信雄方の滝川雄利《かつとし》が守る南伊勢の松ヶ島《まつがしま》城（三重県松阪市）の攻撃に田丸直息《たまるなおおき》とともに参加し（『勢州軍記』）、海上を封鎖して信雄方の脱出経路を封鎖した。その後、松ヶ島城は開城し、秀吉は信雄方に与した徳川家康に対して、三河国への侵攻を目論み、嘉隆に三河国へ侵攻するよう命じた。

命を受けた嘉隆は、四月十七日には三河国の沿岸地域に転戦し、和地《わじ》（愛知県田原市和地）や吉胡《よしご》（愛知県田原市吉胡）などを襲撃している（「常光寺年代記」）。

ところで、この戦いでは徳川海賊衆として、小浜景隆と間宮信高が南伊勢の生津・村松を攻撃しているが、四月四日付の織田信雄書状（「小浜文書」）から、信雄が小浜・間宮氏に九鬼氏の「跡職」の宛行《あてがい》を約束している。小浜景隆は、かつて嘉隆に破れて志摩を逐われ、武田氏に請われて駿河国に渡り、武田水軍として参加したが、武田氏が滅亡した後は徳川氏に帰属していた。彼らにとっては嘉隆に追われた本領を回復し、九鬼氏を打倒する絶好の機会であった。

このように秀吉方の嘉隆らと、信雄・家康方の小浜・間宮氏が対峙するかたちとなり、蟹江《かにえ》合戦が勃発する。

六月十六日に、嘉隆は滝川一益と共に海上から侵攻し、信雄方の蟹江城（愛知県蟹江町）・下島城（同上）・前田《まえだ》城（名古屋市中川区）を攻略した。これは、蟹江城の留守居前田種利《たねとし》が一益や嘉隆に内応したためであった。しかし、信雄と家康はただちに対処し、十八日には蟹江城を攻撃し、信雄は舟で逃走する九鬼を襲って打ち破っている。この戦いの敗戦により、嘉隆とともに戦った滝川一益は、嫡子の一忠が改易となり、一益自身も没落していく。嘉隆が織田信長の配下となる際に仲介した恩人ともいえる一益の没落によって、嘉隆はさらに秀吉との距離が近くなっていくのである。

小牧・長久手の戦いの後、嘉隆は秀吉から引き続き志摩国を安堵されたようで、田丸直息とともに、旧北畠領を与えられた蒲生《がもう》氏郷《うじさと》の与力となった。嘉隆は蒲生氏の所領分から伊勢国渡会郡一万石を得ており、その他にも伊勢国多気《たき》・飯野《いいの》両郡の秀吉の直轄地である蔵入地の内から六〇〇〇石を得ている（「可睡斎文書」）。ただし、蒲生氏郷と嘉隆の関係を示す史料はほとんど確認されていない。現状では天正十二年（一五八四）十二月二十三日に茶会で同席している記録（『宗及自會記』）のみであり、両者の関係はかなり限定的だったらしい。

嘉隆が秀吉から所領を安堵され、引き続き志摩を領有したことがわかる史料としては、天正十三年（一五八五）七月二十日付の嘉隆が、御師《おし》である久保倉大夫《くぼくらだゆう》に宛てた知行宛行状の写しがある（「九鬼家隆氏所蔵文書」）。ちなみに、久保氏は「土蔵」を営んだ蔵方商人の流れを汲んだ御師で、当時の武将たちはそれぞれの御師と緊密な関係にあった。嘉隆は、おそらくこの時期に家臣達にも知行宛行状を発給しているのだろう。

なお、管見では嘉隆が発給した知行宛行状は、写しではあるがこの史料のみである。また、「九鬼右馬允《うまのじょう》」と呼称されていた時期に確認できる唯一の発給史料であり、原文書の発見が待たれる。

秀吉は、天正十三年（一五八五）七月に関白《かんぱく》に就任する。それ以後、関白たる自身を頂点として、家臣や臣従した大名たちに朝廷《ちょうてい》の官位に叙任させ、官位による秩序を構築してゆく。天正十四年（一五八六）正月十四日に、嘉隆は岡本良勝《おかもとよしかつ》とともに諸大夫成《しょだいぶなり》をして、「従五位下大隅守《じゅごいのげおおすみのかみ》」に叙任されている（『お湯殿の上の日記』八）。これにより嘉隆は「九鬼右馬允」から「九鬼大隈守」と呼称されることになる。なお、諸大夫成とは、朝廷参内に必要な官位をもつ者のことで、嘉隆はこれにより豊臣大名として位置づけられ、天正十六年（一五八八）に秀吉が後陽成天皇を聚楽第に招いた聚楽行幸でも、居並ぶ豊臣大名とともに行列に参列していることからも（「聚楽行幸記」）、名実ともに豊臣大名となったのである。

織田政権が解体し、織田氏・北畠氏との主従関係が無くなり、滝川一益の没落とも相まって、嘉隆は秀吉の配下となる。このとき、九鬼氏は本格的に志摩一国の大名として成長していったといえよう。

豊臣水軍の将として島津攻め・小田原攻めに出兵

天正十三年（一五八五）三月、秀吉は紀州雑賀衆の一向一揆を攻撃した。この戦いに、嘉隆は中村《なかむら》一氏《かずうじ》・仙石秀久《せんごくひでひさ》らとともに、水軍大将として参加した。秀吉は、根来寺・粉河寺を焼き討ちして三月末からは雑賀一揆が籠もる太田城（和歌山市）を取り囲んで、水攻めを行った。一方、その間に九鬼や中村の水軍は紀南方面へ兵を進めた。また、秀吉は小早川に対し、警固の船を出すにあたり、嘉隆や中村一氏らと相談し行動するように命じている。同年四月十四日にも、秀吉は嘉隆に対し、一氏とともに城普請を命じており、それが終わったらこちらへ来いと命令している（「末崎文書」）。

紀州攻めの後の同年五月八日に、嘉隆は、のちに関白となる羽柴秀次のほか、山上宗二《やまのうえそうじ》、小寺休《こでらきゅう》

三巴紋緋羅紗陣羽織　九鬼嘉隆の所用とされる　個人蔵　画像提供：大阪城天守閣

夢《む》らと茶会に参加している（『宗及自會記』）。山上宗二は、堺の豪商で茶人であり、小寺休夢は茶人としても知られる武将である。嘉隆の交流関係がうかがえて興味深い。八月には、秀吉は佐々成政を攻めるため北陸に出陣するが、織田信雄をはじめとする諸将らに九鬼嘉隆も従ったという。

翌年正月九日に嘉隆は、本願寺の顕如と対面している。その際には津田宗及も同道したとあり、かつて敵対した顕如との対面もさることながら、津田宗及との交流がこの段階でも続いていたことがわかる（「宇野主水日記」）。両者の対面の目的は不明であるが、その五日後の正月十四日に、嘉隆は諸大夫成をしているため、それを控えての挨拶だったのだろうか。

天正十五年（一五八七）に嘉隆は、蒲生氏郷、池田輝政《いけだてるまさ》らとともに、島津《しまづ》氏征伐のため九州に出陣している。同年正月一日付の、出征の際の陣立書（「旧記雑録後編二」）には、「正月廿五日　壱万五千　羽柴備前少将殿」というように、各大名には出発日と軍役人数が示されているのに対し、嘉隆には「舟にて人数あり次第」と規定されているのみであることは注目される。これは、船の所有と海上の技術が独自の評価を受け、動員すべき軍役人数は直接には問題とされないところにこの時期の嘉隆の水軍が独自の評価をもって扱われていたことが看取できる。

九州攻めにおいて、嘉隆率いる船手衆は、海上での軍事行動はあまりなかったと考えられるが、その船手衆の船団は、島津勢を威圧するにうえで大きな効果があったという（山内二〇一六）。島津氏の家臣が残した記録には、「海上を見渡せば、伊勢国住人九鬼大隅守・若狭国住人脇坂中務少・摂津国住人小西弥九郎、此等の人々舟大将として数千の兵船西海に押し浮かべ、或は船陣を張り、波間も更に見えざりけり」と記しており（「旧記雑録後編」所収「勝部兵右衛門聞書」）、九鬼氏ら船手衆の大船団が八代海を埋めるように集結している様をみて、島津方の武士が驚嘆している。

伝九鬼嘉隆所用甲冑　個人蔵　画像提供：三田市文化スポーツ課

五月八日に島津義久《よしひさ》が秀吉と面会し、降伏したが、そのことを知らない平佐城の城主桂《かつら》忠詮《ただのり》が抵抗したため、九鬼・脇坂《わきさか》・小西らがこれを

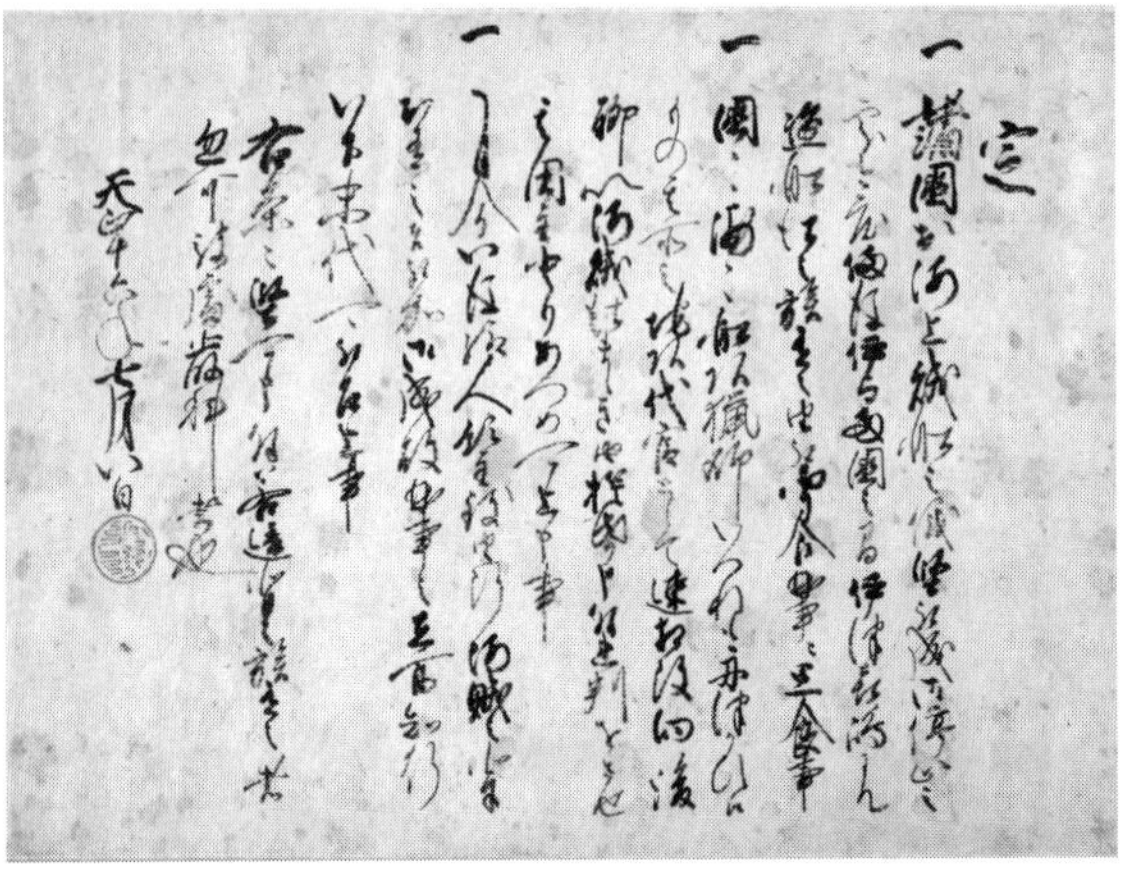

豊臣秀吉法度　海賊禁止令を伝える内容である　島津家文書　東京大学史料編纂所蔵

攻めて降参させた。これが船手衆の関わった唯一の軍事行動であった。

九州攻めの後、秀吉は海賊衆の取り締まりにかかる。瀬戸内海を航行する船舶に対する略奪や関船徴収の禁止を掲げ、瀬戸内で大きな影響力を持っていた海賊衆能島村上氏に対し、賊船行為を行ったとして追及し、天正十六年（一五八六）三月に毛利氏の配下として、筑前《ちくぜんの》国冠《くにかふり》（加布里）に転封されることになった。これにより、本拠地を奪われた村上氏は瀬戸内海から排除されることになり勢力を削がれていった。

天正十六年（一五八六）七月に秀吉は海賊禁止令を発した。豊臣政権はこれによって中世以来の海賊衆の自立性を解体し、彼らを豊臣水軍として編成していく。九鬼氏のみならず、来島村上氏や菅《すが》氏などは、豊臣政権のもとで旧来の従属関係を解消し、海上勢力として存続していくのである。

天正十八年（一五九〇）には秀吉の北条氏攻め、いわゆる「小田原合戦」が行われた。この戦いに嘉隆は、脇坂安治《やすはる》、加藤嘉明《かとうよしあき》らとともに水軍を率いて出陣している。秀吉から加藤嘉明に送った文書には、「然らば其表、海上之儀九鬼大隅守案内これ在る事に候間、申す談じ（後略）（大阪城天守閣二〇〇〇）」とあり、海上に詳しい九鬼嘉隆と相談せよという主旨の内容が確認できる。脇坂・加藤らは秀吉子飼いの家臣であるが、彼らに嘉隆と相談して進めるようにという指示が秀吉から出されているので、秀吉が嘉隆を水軍の大将格として位置づけていたことがわかる。嘉隆は、二月二十七日に清水に到着し、脇坂ら船手衆と相談したうえで、順風を待って伊豆沿岸に進入することになった。

小田原城跡　神奈川県小田原市

その後の動向は史料が少なく、詳しいことは不明であるが、九鬼氏ら船手衆は下田城（静岡県下田市）攻めを行った後、小田原城包囲に加わったらしい。

また、「大湊由緒書」には、小田原攻めの際に秀吉により家康の海賊衆、小浜氏・千賀氏・向井氏などを指揮下に、大湊で大船三〇〇艘を調達し、相州表に差し廻したとあり、これらの大船のすべてが徳川水軍の支配下にあったとは考えづらいとして秀吉

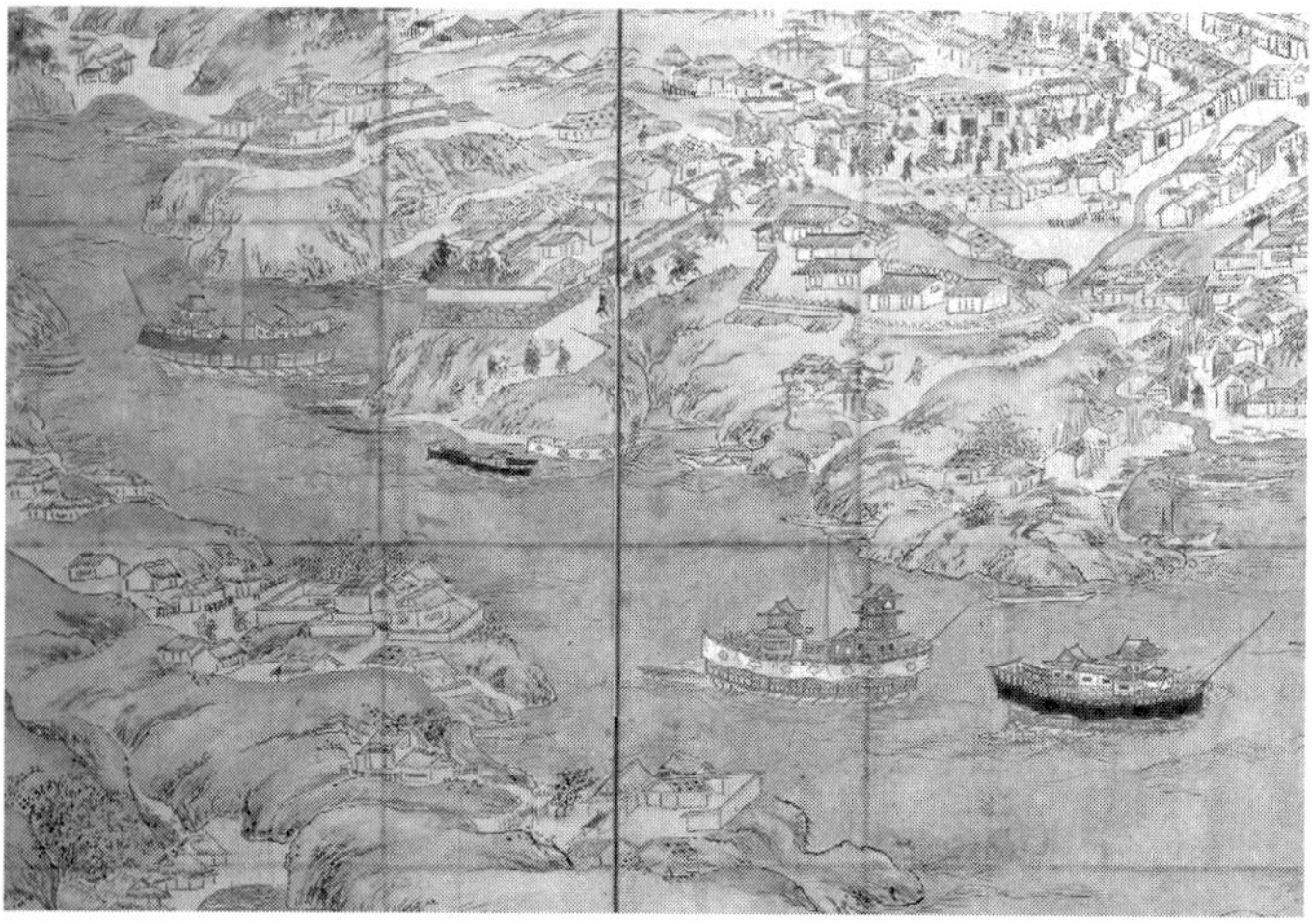

安宅船が描かれた肥前名護屋城図屛風（部分）　佐賀県立名護屋城博物館蔵

に属した脇坂・九鬼水軍が中心となっていたという永原氏の指摘がある（永原一九九二）。そのうえで、これら三〇〇艘の大船について、九鬼嘉隆が直接率いる水軍とは一体ではなくても、両者の行動には綿密な連繋があったはずだとも指摘されており、永原氏が指摘するように九鬼氏も大船の調達に関わっていたのだろう。

九州攻めや小田原攻めにおいて、嘉隆は豊臣水軍の将として出兵しているが、秀吉は、九鬼氏に対し、派兵の人数を問わず、自身の子飼いの武将である脇坂や加藤らに嘉隆と相談して進めるように命じており、嘉隆は秀吉から厚い信頼を得ていたことがわかる。九鬼水軍は豊臣政権の水軍の中核をとして位置づけられていたといえる。しかし、これらの戦いで嘉隆とともに船手としての経験を積んだ脇坂・加藤らは、その後の朝鮮出兵で、嘉隆を微妙な立場に追い込んでいくのである。

船手の主力となった文禄の役

北条氏を屈服させて天下統一を果たした豊臣秀吉は、大陸侵攻をめざすことになる。文禄の役での九鬼氏の動向は、中野等氏の文禄慶長の役についての詳細な研究（中野二〇〇六）や、豊臣船手衆の動向を追った山内譲氏の研究などがある（山内二〇一六）。ここでは、この時期の九鬼氏の動向を両氏の研究を参考にしながら、九鬼氏の動向をみていく。

天正二十年（一五九二）正月五日に、秀吉は大名ごとの軍令書を発して、朝鮮出兵に向けて動き始める。同年の水軍の編成において、「九鬼大隅守　一〇〇〇人」とあり（「浅野家文書」）、嘉隆は「舟奉行」という、船手の主力として位置づけられている。さらに三月十三日には、詳細な陣立書が発令され、船奉行の陣立書が出された。そこでは、高麗・対馬・壱岐・名護屋にそれぞれ船奉行を数人置くことが指示され、そのなかに対馬担当として九鬼嘉隆・脇坂安治らが、壱岐担当として加藤嘉明・藤堂高虎《とうどうたかとら》たちがそれぞれ含まれている（「近江水口加藤家文書」）。嘉隆ら船手衆は、莫大な兵員と軍事物資の海上輸送の警固にあたった。

なお、肥前名護屋城周辺には、参陣した武将の陣が多数置かれた。現在、九鬼嘉隆の陣跡も国の特

九鬼嘉隆と共に戦った加藤嘉明　「太平記英勇伝」　東京都立中央図書館蔵

別史跡の一つに指定されているが、これまで特に調査等は行われていない。

同年四月二十六日付けの秀吉朱印状によると、当時、壱岐まで進んでいた軍船五一五艘を、さらに対馬まで進めるよう命じている（「九鬼家隆氏所蔵文書」）。壱岐に碇泊中の五一五艘のうちでもっとも多いのは秀吉の弟秀長《ひでなが》の養子となった豊臣秀保《ひでやす》が一〇〇艘で、九鬼嘉隆は、脇坂安治の八十艘に次ぐ七十艘を率いた。秀保と嘉隆の紀伊・志摩を除くと、そのほかはすべて淡路・四国など瀬戸内に所領を有する脇坂安治・加藤嘉明・福島正則らの大名たちで、当時の豊臣水軍の実態が知られて興味深い。

同年五月から六月にかけて、日本軍は陸上では進撃をしていたものの、海上では李舜臣《イスンシン》らによる攻撃を受けて苦戦を強いられていた。そのため、秀吉は朝鮮水軍に対抗できる水軍を編成することになり、九鬼・脇坂・加藤の三名に敵船を討ち果たすべきと指示を出した。ただ、この体制はうまく機能せず、同年七月八・九日に嘉隆らの船手衆は朝鮮水軍と対峙することになったが、功を焦った脇坂安治が九鬼・加藤の到着を待たずに一人で軍船を出動させ、巨済島《コジェド》沖で大敗した。その後、救援に駆けつけた九鬼・加藤軍と朝鮮軍が安骨浦《アンゴルポ》沖で激戦を展開し、九鬼氏も自身の軍船である日本丸の矢蔵から鉄砲を放つなど奮戦した。日本丸は朝鮮水軍の攻撃を受けて損傷したが、戦闘を継続し、殿《しんがり》として奮闘したという。九鬼・加藤軍の奮闘もむなしく、戦いは敗れることになり、船手衆は釜山に撤退した。

なお、この戦いにおける豊臣水軍の編成について朝鮮側の記録（「朝鮮王朝実録」、宇田川二〇〇二）には、次のように書かれている。

初十日、安骨浦に至る賊船四十艘、洋中に列泊す、そのなかの一船上に三層の大屋を建て、二船二層の屋を建つ、その余の諸船は鱗次して陣を結ぶ（下略）

豊臣水軍は四十艘の艦隊であり、一艘は三層建の大屋をもつ大船であり、二艘は二層建ての軍船であることがわかる。この大船は嘉隆の日本丸を指すのではないだろうか。

船手衆の敗北を受けて、秀吉は水軍の建て直しのため、七月十四日に脇坂安治に朱印状を発し、「からいさん口」（巨済島）での敗戦について「様躰示し合わせ働き候はで覚悟無きの仕合候」と嘉隆や加藤と連携をとらなかったことを叱責し、今後は「からいさん」に城を構え、九鬼・加藤と相談して堅固に在番すること、この指示を伝えるために藤堂を遣わすことを述べている（「脇坂文書」）。

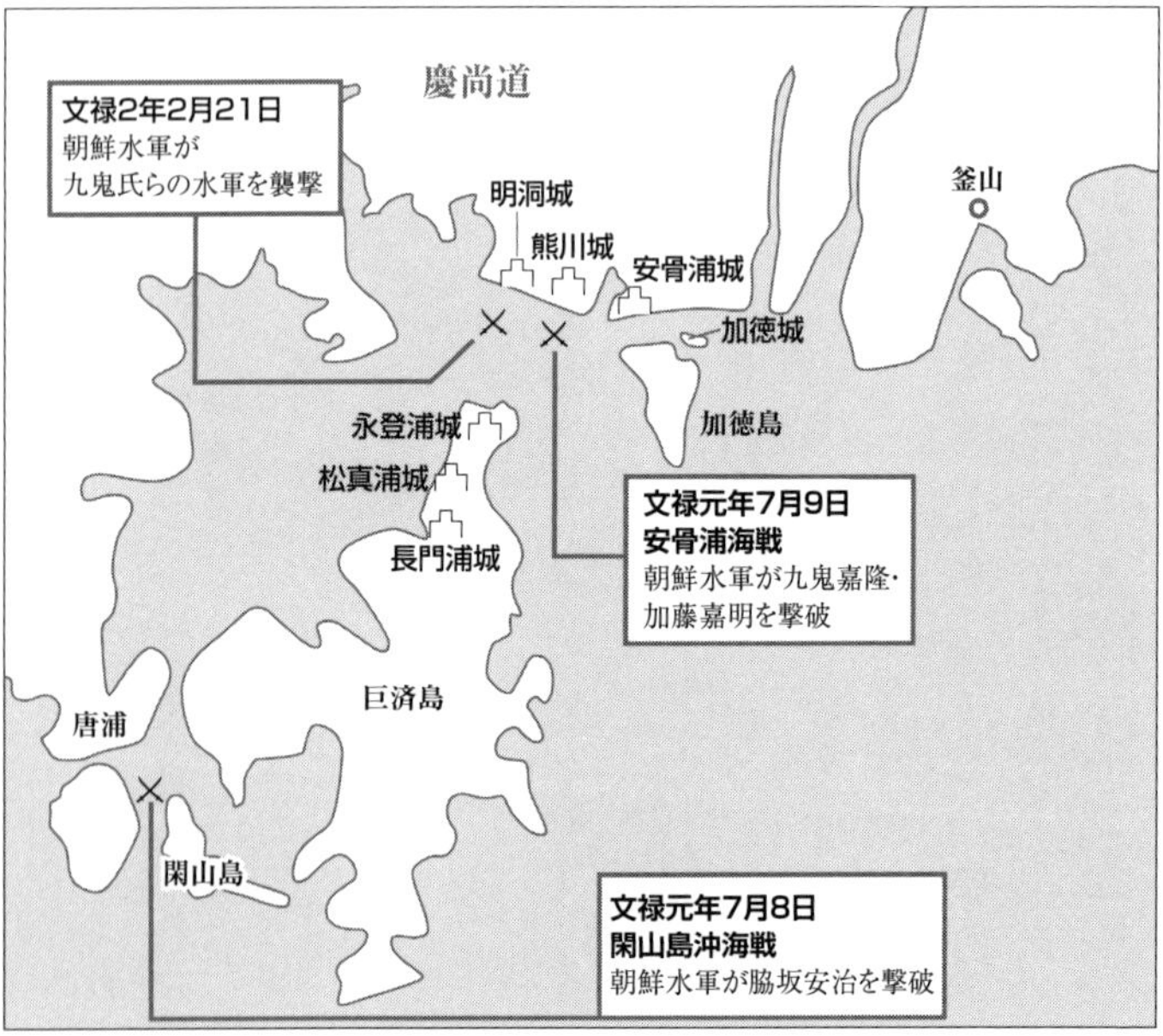

図５　文禄の役における九鬼嘉隆ら豊臣水軍の動向

また、「からい山」の城には九鬼・加藤・菅氏らが在番にあたるという在番体制がとられることになる。そして、船手衆が再編され、従来の九鬼・脇坂・加藤の三名のほかに、新たに藤堂高虎・菅平右衛門《へいえもん》道長《みちなが》・来島兄弟らが加えられた（「高山公実録」）。菅氏や来島氏は海賊衆の系譜をひく大名である。

苦戦する九鬼氏

朝鮮半島に上陸した日本軍は、当初、破竹の快進撃を続け、上陸一ヶ月あまりで首都京城（ソウル）を占領した。しかし、戦線の拡大や兵糧の欠乏、朝鮮民衆の抵抗などに加えて明国からも援軍が到来し、厳寒のもとで大変な苦戦を強いられることとなった。天正二十年十一月十日付けの秀吉から嘉隆宛の書状（「九鬼家隆氏所蔵文書」）はその状況をよく伝えている。ここでは、「来春三月には秀吉自ら渡海するので、それまではとにかく城の守備を固めて持ちこたえろ、兵糧米と鉄砲火薬を届ける、厳重に保管して、いま手もとにある分が底をついたら取り出して用いよ、兵糧の蓄えと砦の普請には一層精を入れよ、船着きから都までの城々は堅固に守り、通行の安全を確保せよ」と、こと細かに指示を下している。そして、「なお、厳寒の苦労を察して小袖一重を贈る。正確な情報がこちらには届かず、これでは指令を与えてもうまくいくはずがない。今後はありのままを報告せよ」と述べており、朝鮮半島での日本軍の苦戦と現地の厳しい状況を物語っている。

文禄二年（一五九三）の正月二十六日付けの秀吉の朱印状（「近江水口加藤家文書」）によると、秀吉は嘉隆の一時帰国を前提に、軍船を施した船（かこい船）以外をすみやかに名護屋へ戻すことを指示している。嘉隆から朝鮮水軍の状況や名護屋へ回航させる船の様子や兵糧事情が報告されたと考えられている（中野二〇〇六）。

同年二月に日本軍は、熊川《ウンチョン》沖に襲来した朝鮮軍に攻撃を仕掛けた。「脇坂記」によると、日本軍は早舟に長縄を積み込んで動きの遅い敵の大船を乗っ取ることにした。二月二十一日に敵の番船が港へ侵入してきたとき、それぞれが早船に乗って攻めかかったが、脇坂安治が一番に敵の番船を乗っ取った。一方、九鬼嘉隆も同じ船に縄をかけたので、両者が前後を争うことになった。怒った安治は、九鬼の縄を切り離すように命じ、家人が九鬼の縄を切って脇坂が敵船を乗っ取った。これによって九鬼と脇坂が同士討ちをしそうになったが、敵味方の船によって押し隔てられて大事には至らなかった。

　この戦いについて、一方の九鬼家では、嘉隆の家臣越賀隼人が敵の「番船」を乗っ取ったが、それをみた脇坂勢が「喚き来たりて人の取りたる船に手を掛け引きとらん」としたため、隼人が「卑怯なり」と刀の柄に手をかけた。脇坂勢も入り乱れて「同志軍」になりかけたが、嘉隆が大事の前の小事であるとして引き分けた。一方、加藤嘉明と嘉隆の家臣である浜島豊後守も敵船一艘をとった（「九鬼家由来記」）と伝えている。

　両方の立場からみても、敵船の乗っ取りの功をめぐって九鬼家と脇坂家が対立して、あわや同士討ちをしそうになったことが伝えられている。先年の小田原攻めのときには、秀吉から海上のことに詳

九鬼嘉隆と諍いを起こした脇坂安治　「太平記英勇伝」　東京都立中央図書館蔵

しい九鬼とよく相談して進めよと命じられていた脇坂だが、この朝鮮出兵では抜け駆けをするなど、統率を乱している行動がみてとれる。また、加藤嘉明は藤堂高虎と犬猿の仲であったといわれており、船手衆の統率が取れなくなっていたようである。

この状況を受けて、秀吉は大船二艘の乗っ取りを褒賞する一方で、「然れば取々相争う儀、然るべからず候」と内部の戦功争いを注意している。また、「所詮向後は藤堂佐渡守、九鬼大隅守両人をして惣じて異見せしむべき旨、仰せ出され候、違背においては曲事たるべき候」（「因幡志所収文書」）とあり、九鬼嘉隆と藤堂高虎をリーダーとし、従うよう命じていることがわかる。この措置の理由を小川雄氏は、嘉隆が水軍専従大名の代表、藤堂高虎は大和羽柴氏に所属する水軍の代表という立場から、ある程度統一的な指揮権を委ねられたこと、また、一門大名である大和羽柴氏（当主秀保は関白秀次の実弟）の水軍を、九鬼嘉隆の指揮下に置くわけにはいかないという政治的な配慮が働いていた可能性を指摘している（小川二〇二〇）。

この戦いの褒賞として、秀吉は三月六日付けで船手衆全員に宛てて朱印状を発した（「大西家文書」）。これによると、「乗捕」った二艘の敵船の扱いについて、一艘は嘉隆に下され、残りの一艘は脇坂・加藤・堀内・菅の四人に下されており、「大船を乗り出し、敵船の間を乗り切」った九鬼の戦功が第一とされている。また、秀吉は「船手の巧者に候間、左様の働き仕るべき者」と嘉隆に対して申し送ってお

安骨浦城跡　写真提供：山崎敏昭氏

り、『太閤記』にも「九鬼は、昔より事旧たる舟大将なれば（後略）」と記されており、古くからの船手衆として嘉隆に配慮していることがわかる。なお、九鬼家では熊川の戦いを「このとき家臣越賀隼人と青山豊前の兵が奮戦し、敵船を乗捕った」と記している（『寛政譜』）。

この後、秀吉は船手衆間の協調関係を維持しようとしたが、結局のところ、のちの慶長の役に至るまで、船手衆の諸将間の連携は改善することはなかった。とくに加藤嘉明と藤堂高虎は、慶長の役の唐島の戦いで高虎が夜中に早駆けをして戦功をあげた件をきっかけに不仲になり、両者は関ヶ原の戦い以後も伊予国を二人で分割統治したこともあり、緊張関係が続いた。

このように、嘉隆ら船手衆は海上の戦いで苦戦を強いられていたが、それは陸戦でも同様であった。当初は優勢であった日本軍だが、文禄二年（一五九三）の正月初めには戦いに敗れた小西行長らが平壌《ピョンヤン》を脱出し、二月の幸州山《ヘンジュサン》の戦いでは大きな損害を蒙るなど、こちらも苦戦していた。これを受けて秀吉は、慶尚道南部の「もくそ城」（晋州城《チンジュ》）の攻略のため、新たな軍令を発令し、船手衆に対して、「もくそ城」を討ち果たした後、全羅道《チョルラド》攻略のために諸城を築城して在番することを命じた。この時、嘉隆は他の船手衆とともに安骨浦の在番にあたったと考えられる。

大将軍箭　個人蔵

なお、嘉隆ら船手衆が在番した安骨浦城は、熊川湾を見下ろす小半島上に築かれた倭城であり、東西約一〇〇〇メートル、南北約四〇〇メートルの範囲に、規模の大きい総石垣の三つの曲輪を配した城郭で、現在も櫓台など当時の石垣が残っており、縄張りの研究もなされている（山崎一九九八）。嘉隆が安骨浦城の築城にどれほど関与したかは不明である。しかし、自身国内の居城である鳥羽城も文禄三年に完成したとされており、同時期に併行して築かれたであろう倭城は、鳥羽城の築城にも石垣の積み方など技術的に大きく影響を与えたのだろう。

文禄二年（一五九三）の閏九月に戦局がいったん落ち着くと、五万の将兵が日本に帰国することになったが、そのなかに嘉隆の名は確認できない。同二年十一月段階では、安骨浦に在番していたことが判明しており、「脇坂記」には「(其年の暮)九鬼・加藤ハ日本へ帰リヌ」とあり、一時帰国していることが確認できる。そして、翌年三月には「九鬼大隅守替リトシテ。来リケレハ」とあり、脇坂に替わり常番についたことが記されており、船手衆は倭城での在番体制を維持しながら交代で帰国していたとようだ。

しかし、これ以降、嘉隆の動きは史料に現れなくなり、嘉隆がいつまで常番したかは不明である。次に嘉隆が史料上確認できるのは慶長元年(一五九六)三月十六日で、徳川家康が山城伏見《やましろふしみ》の嘉隆の別荘を訪れたという記録から、それまでには帰国していることが判明している(『言經卿記』)。

ちなみに、当時の九鬼氏の朝鮮半島での戦闘を偲ぶ資料がある。三田九鬼家では、文禄の役の際の海戦のものと伝わる「大将軍箭《だいしょうぐんせん》」と呼ばれる木材に鉄製の羽を取り付けたロケット弾のようなものが残されている。箭は、銃筒から発射されるもので、箭自身は破裂するものではなく、着弾の衝撃により建物を破壊するために使われたものである(佐賀県立名護屋城博物館二〇〇七)。三田九鬼家の大将軍箭は、二〇一七年に韓国で初公開された(国立晋州博物館二〇一七)。通常、このような武器は戦場で滅失してしまうものであるが、それが現存していることも珍しい。それにもかかわらず「大将軍箭」が長らく九鬼家に伝えられてきたことは、これが九鬼家の歴史を語るうえで、重要なものとみなされていたということだろう。

文禄・慶長期の九鬼氏を知る史料

文禄から慶長期にかけては、諸大名にとって朝鮮出兵に加え、たびかさなる手伝い普請が課されるなど、非常に厳しい時代でもあった。

この時期の九鬼家の動向は、文禄の役への出兵以外はよくわかっていなかった。しかし、近年、それを知るうえで重要な史料が相次いで確認されており、この時期の九鬼氏の動向も明らかになりつつある。その史料とは、神戸大学大学院人文学研究科蔵の「九鬼家文書」と三田藩主九鬼家に伝来した「三田九鬼家文書」である。

神戸大学所蔵の九鬼家文書は、三田藩主九鬼家の一族で、同藩の家老を務めた九鬼図書家に伝えられたとされる史料である。史料には織田信長黒印状や豊臣秀吉朱印状・秀次朱印状が含まれており、その内容が公表されている（村井二〇一四）。

また、もう一つは三田藩主九鬼家に伝わる史料群で、『旧三田藩主九鬼家文書「松嶽公寛永書牘及松嶽院様御書之写」目録』（以下、「三田九鬼家文書」二〇二二と記す）として公表された。この史料の中にはかつて筆者が紹介した「旧鳥羽小学校所蔵九鬼家文書謄写本」（豊田二〇一七）の原文書も含まれている。以下、これらの文書を中心に文禄・慶長期の九鬼氏の動向をみていく。

嘉隆の子息たちの動向

文禄の役に秀吉の命令で動員された大名達は、朝鮮で厳しい戦いを行っていた一方で、国内では造船や伏見城・大坂城などの手伝い普請にも従事していた。九鬼氏も朝鮮への出兵に加えて、これらの諸役に動員されている。その諸役は材木輸送や造船など多岐にわたったようで、九鬼氏は嘉隆のほか、息子たちの名が散見される。

たとえば、十二月十七日付で五奉行の一人、前田玄以《まえだげんい》が「九鬼孫次郎」に宛てた文書のなかで造船に関する命令が出されている（「三田九鬼家文書」二〇二二）。玄以からの書状の内容は、九鬼氏の造船に関するもので、朝鮮出兵のために製造した碇ができたので、九鬼方の船頭に見せて、船頭を上らせるよう秀吉から指示があったことを命じたものである。

なお、ここに登場する「九鬼孫次郎」とは、のちに嘉隆の跡を継ぐ次男、九鬼守隆《もりたか》の仮名《けみょう》である。『寛政譜』によると、守隆の名前は「孫次郎《まごじろう》」から「友隆《ともたか》」、その後「光隆《みつたか》」を経て、「守隆」と変遷することが記されている。本書では、守隆を名乗る以前の名を記した史料を扱うため、混乱を避けるうえで、以下、史料以外の文中では「守隆」と表記する。

この前田玄以から守隆に宛てた書状は、守隆が家督を継ぐ以前の天正二十年（一五九二）の史料であると考えられ、守隆がこの時点ですでに父嘉隆とともに諸役への対応にあたっていたことを示すものとして重要である。

『寛政譜』によると、守隆は、天正元年（一五七三）に嘉隆の次男として鳥羽で生まれたとある。その後、慶長二年（一五九七）に家督を継ぐまでの間の動向は、まったく触れられていない。九鬼家の家譜など他の史料でもほぼ同様の記述であり、九鬼氏の全盛期の当主であったにもかかわらず、家督を継ぐ以前の動向は不明であった。

しかし、近年、守隆が嘉隆から九鬼家の家督を継ぐ前後の「孫次郎」の仮名が確認できる文書が確認されている。

「九鬼孫次郎」の動向が書かれた時期がもっともさかのぼる記述としては、同時代の史料ではないが、「九鬼御伝記」に、「小田原陣へ立つこの時、九鬼長門守守隆、十七歳同道致し候」という記述があり、守隆は天正十八年（一五九〇）の秀吉の小田原攻めに出陣したことが記されている。それ以降、守隆は徐々に史料に散見されるようになる。近年確認された史料から、守隆の動向をみていく。

次に挙げる史料は前田玄以と同じく五奉行《ごぶぎょう》の一人、長束正家《なつかまさいえ》が嘉隆に宛てた書状の写（「木島文書」）で、九鬼氏の手伝い普請に関する史料であり、そのなかで「孫次郎」として守隆の名が確認される。

（前略）孫次郎殿之儀、此方御普請役御免なされ、其地に於いて御材木出さるべき由候て、遣され候、父子之間わかり候て、一きわ情を入られ候様と御諚、御直に孫次（郎）へ仰せ聞かされ候、一段

御機嫌よく御掟加えられ、浅所無く御仕合にて下され候事に候（後略）

（文意）孫次郎（守隆）殿については、普請役を免除してやって、その地（鳥羽）において材木を出すことになったということですので、（守隆を）遣わしました。父子で一緒にやれば、一生懸命に働けるようになるだろうという御掟がございましたので、ただちに直接、孫次郎殿へ申し聞かせました。（秀吉の）ご機嫌よく、御掟（先ほどの）の言葉を付け加えられました。九鬼にとっては良い（幸せな）ことです。

この史料は、伏見城の支城である向島城《むかいじま》の手伝い普請に関する史料であろう。向島城の普請は、文禄三年（一五九四）から翌年八月の間と、文禄五年（一五九六）二月に再開されたことが判明しており、閏七月とあることから慶長元年のものとなる。つまり、慶長の大地震で伏見城が倒壊する数日前に出されたものである。

史料によれば、孫次郎こと守隆が向島城の普請役を免除になり、嘉隆と同じく材木輸送に従事するようにと書かれている。「父子之間わかり候て」の記述からも「孫次郎」は守隆のこととわかる。

嘉隆は、このとき材木輸送にあたっていたようで、守隆と一緒に輸送任務にあたるよう、秀吉が配慮したとある。これらの史料から、守隆は天正二十年（一五九二）あたりから、父嘉隆とともに豊臣政権からの任務等に父子で従事していたことがわかる。そして、伏見城の普請の際に秀吉から経験の浅い守隆に対して負担軽減の配慮があったことがうかがえて興味深い。

また、守隆以外の兄弟が確認できる史料もある。それは、文禄二年（一五九七）五月一日付けの豊臣秀吉朱印状（「九鬼家文書」神戸大学蔵）で、秀吉が朝鮮での在陣を労った内容の文書であり、他の武将にも同様の内容で確認されているが、宛名は「九鬼藤四郎《とうしろう》」の名が確認できる。

九鬼藤四郎とは、嘉隆の嫡子で、嶋衆の一派であった相差藤四郎の跡を継いだ成隆《なりたか》のことであり、この史料から彼が文禄の役に出陣していたことが判明する。また、別の史料では、関白である秀次から成隆に鯨を贈られたことへの礼を述べた朱印状も確認されている（「九鬼家文書」神戸大学蔵）。

成隆については、『寛政譜』に関ヶ原の戦いの際に守隆の麾下になり、のちに家臣となったとごく簡単に触れられているのみで、これまでさほど注意が払われてこなかった子息の一人だが、史料により文禄の役に出陣していたことが判明した。成隆は、長男ではあったが嘉隆の正妻の子ではないため、九鬼家の家督は弟の守隆が継ぐことになるが、のちの大坂の陣にも参戦するなど活躍した。知行は四〇〇〇石を有し、実質的に九鬼家の分家といってよい位置にあったものと考えられる。のちに隠居するが、九鬼家内では大きな影響力を有していたようで、寛永九年（一六三二）に生じた九鬼家の御家騒動では、成隆の孫にあたる九鬼兵部《ひょうぶ》が三田九鬼氏の初代当主となる久隆の擁立に大きな影響力を及ぼしている。

このように、文禄年中から慶長五年の関ヶ原の戦いに至るこの時期は、九鬼家にとっても激動の時代であり、嘉隆だけでなく守隆は、たびかさなる手伝い普請や軍船の造船、長子の成隆も朝鮮へ出陣するなど、秀吉から命じられた諸役に対して父子で役割を分担するなどして対処していたのである。

造船能力を存分に発揮した大船建造

朝鮮への出兵は、渡海のために大量の軍船が必要となったことから、秀吉は九鬼氏をはじめとする諸大名に造船を指示した。これにより、九鬼氏の造船能力はさらに発揮されるようになる。

朝鮮出兵の開始から半年後の天正二十年（一五九二）十月に秀吉が関白となった甥の秀次に出した朱印状があり「嘉隆から秀吉に造船の指図書を差出したが、九鬼の手だけでは進捗しないので、確かなる奉行を付け、監督させて早速にできるように」（「妙法院文書」）と指示しており、九鬼が設計した図を基に、大安宅船の造船を命じている。また、この書状の後に続くものと考えられる十一月五日付けの秀次宛の秀吉の朱印状（北川一九九四）には、「この命じた大船のことであるが、最前九鬼嘉隆に建造を申し付けた。ついては船大工を召し寄せ、大船の高さはどれ程、横は何間と、艫《とも》舳《へ》その所々にて間積りをさせ、それを書きつけて早急にこちらへ届けるように。同じく船櫓についても大きさ・高さなどの図面を書かせ、それも併せて送るように。先日当方に届けられた図には縦・横の積りがなかったので、二十五間程にと仰せつけたが、それはその時点で積りが定まっていなかったからで、長さは十七間程にでも良いと考えている」とあり、嘉隆が建造を命じられた船の寸法の具体的な指示が出されており、当時としては非常に大きな軍船である。この大船は、秀吉自身の朝鮮渡海用の御座船と考えられ、この設計図の作成・建造を嘉隆に命じていることから、秀吉の嘉隆に対する信頼の厚さがうかがえる。

その後も豊臣政権は、九鬼家に対して造船命令を出している。慶長三年（一五九八）の六月十一日に当時、船奉行を勤めていた石川光元《いしかわみつもと》と五奉行の一人増田長盛《ましたながもり》から嘉隆に宛てた書状（「三田九鬼家文書」二〇二二）では、「御意として申し入れ候、其方手前へ今度仰付られ候船百艘の内、三十艘はつくり申され間敷く候、残り七十艘の分つくり候えど、御諚に候間、其意を得られ、七十艘之分早々出来候様に油断無く申付けらるべく候」とあり、以前、一〇〇艘造れと命じていたが変更になり、七十艘造れという秀吉の御意となったことを伝えている。さらに、それに続くとみられる七月の五奉行から九鬼氏へ宛てた書状がある（五奉行連署状、「三田九鬼家文書」二〇二二）。

御意として申し入れ候、仰付けられ候舟之儀、もはや入らず候間、出来之分ハ其ままよく申し付け置かれ候いて、いまだ不出来分つくられましき由、御意に候、然るは大坂御ふしん仰付られ候

（後略）

内容は、九鬼氏に造船の命令が出されていたが、必要がなくなったのでできた分についてはそのままで良いが、まだできていない分は造らないように、と指示を送ったものである。宛先は嘉隆と守隆の連名になっている。造船中止の命令が出された一方で、新たに大坂城普請への参加が命じられている。九鬼氏が大坂城普請に動員されたことを直接示す史料としても重要である。

この文書の年代は、連名の一人である前田玄以が「徳善院僧正《とくぜんいんそうじょう》」の称号を用いていることや、大坂城の第四期工事が慶長三年（一五九八）六月から始まったとされていることと合わせると、同年七月に比定できる。また、秀吉は同年八月十八日に亡くなることから、この文書は秀吉の病状悪化をうけた造船中止命令であるとみられ、同年六月に増田長盛から出された先の造船命令に続くものといえる。

このように、九鬼氏には再三に亘って造船命令が出されており、秀吉から設計図の作成を任されるなど、安宅船の建造では第一人者と認識されていたことがわかる。

朝鮮出兵に際して新造された日本丸

日本丸は、朝鮮出兵の際、嘉隆が大湊で新造した大安宅船とされ、先の「鉄甲船」とされる船と併せて嘉隆の建造した大船として知られている。『寛政譜』には、嘉隆が鬼宿丸《きしゅくまる》という大船に乗り、

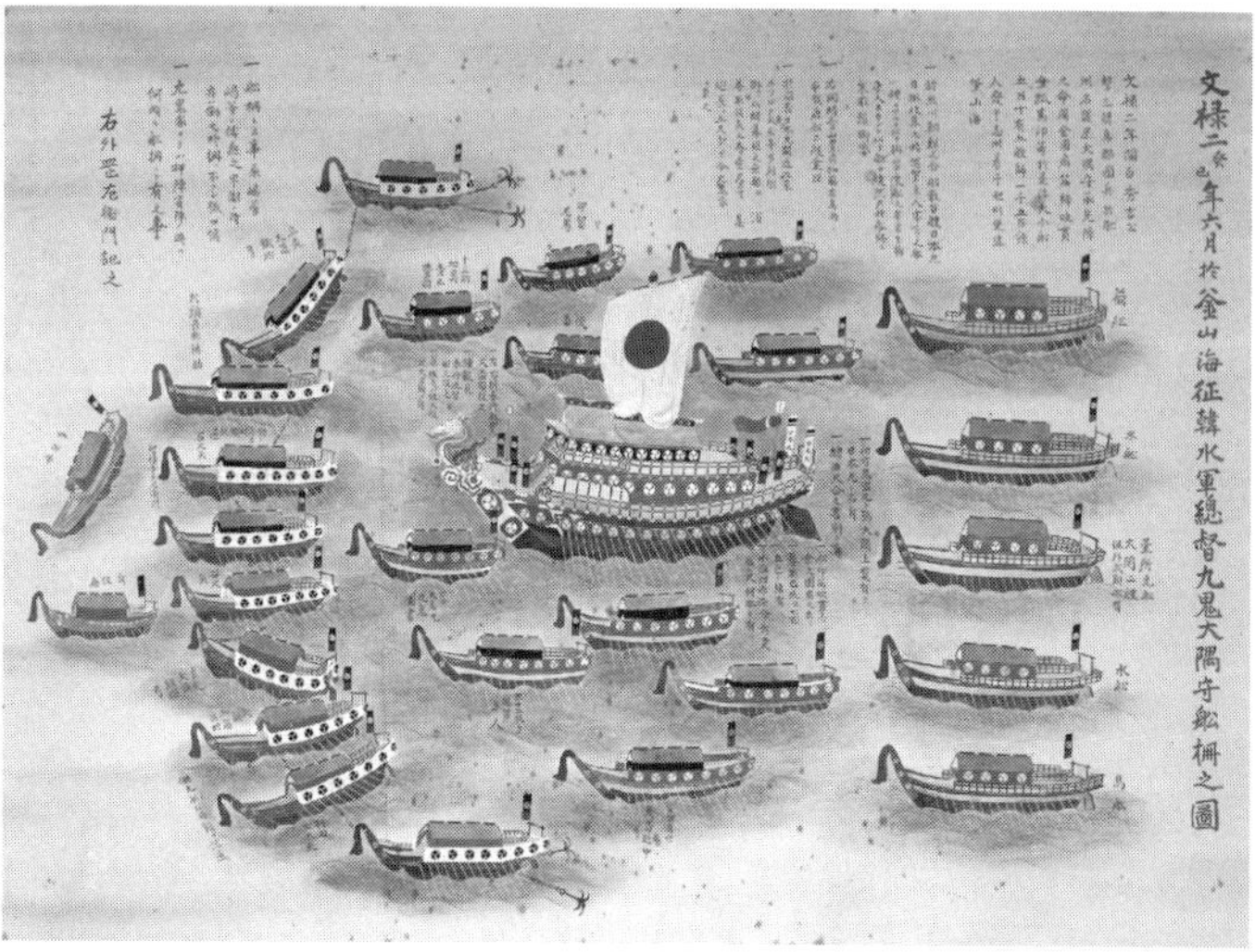

九鬼大隅守船柵之図　大阪城天守閣蔵

五十余艘を引き連れて肥前国名護屋に着いたところ、秀吉は、鬼宿丸を讃えて、これを日本丸と名付け、「茜《あかね》の吹貫《ふきぬき》に金團扇」を与えたとある。もとは鬼宿丸という名前だったが、秀吉によって日本丸と名付けられたのである。

　日本丸はどのような船であったのか。この船の規模を探る史料としては、九鬼家に伝わる「志《し》州《しゅう》鳥《と》羽《ば》船寸法《ふねすんぽう》」（嘉永二年（一八四九）の写本）がある。この史料は、朝鮮出兵に際して嘉隆が建造した日本丸や、守隆が大坂冬の陣で使用した三国丸《みくにまる》のほか、加藤清正《かとうきよまさ》・黒田《くろだ》長政《ながまさ》・福島正則《ふくしままさのり》ら諸将が建造した軍船二十六艘の寸法が箇所ごとに詳細に記録したもので、伊勢の船大工であった北村伝《きたむらでん》右《え》衛門《もん》の手元にあった覚書を写し取ったものである。これによると、日本丸の大きさは長さ一一一尺五寸（三十三・七八メートル）、幅三十九尺（十一・八一メートル）で、一八〇人乗りの一五〇〇石積の大船であったという（市川一九三七）。なお、鳥羽船寸法をもとに日本丸の模型を復元した大湊の市川造船所は、その規模を一間＝五尺（一・五一五メートル）で計算しており、和船の船大工の間では、それが一般的である

日本丸龍頭屏風絵に描かれた大龍丸　個人蔵

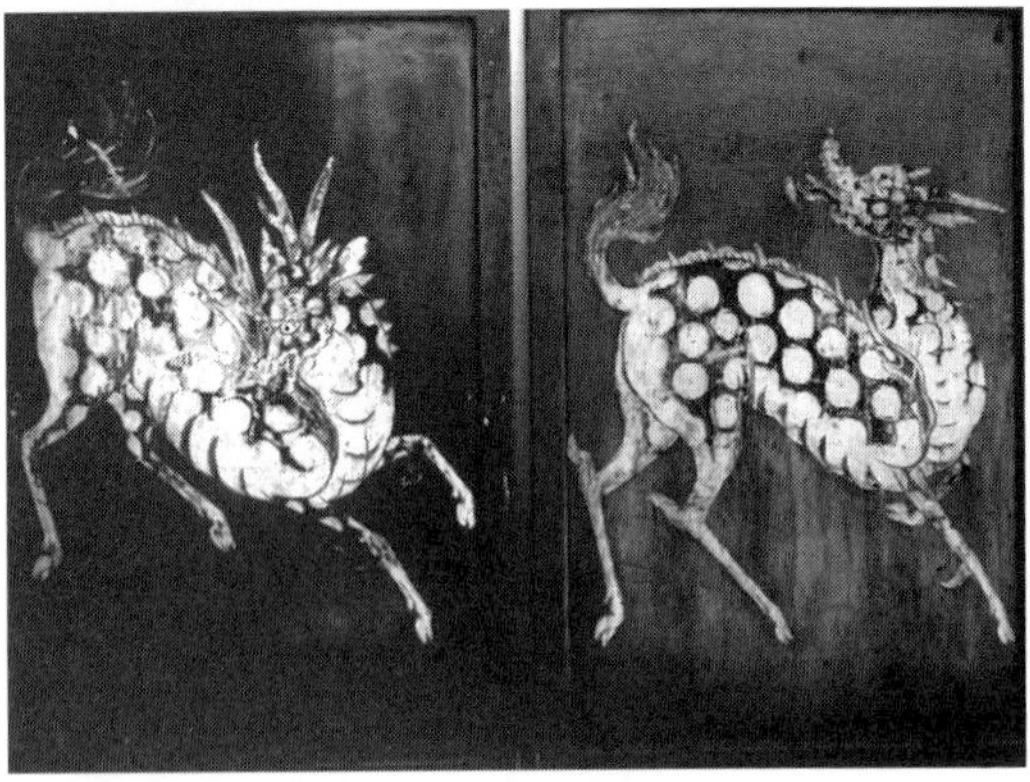

大龍丸の板戸　鳥羽市立海の博物館蔵

という。今後、安宅船の規模を考えるうえで注意すべき事項である。また、日本丸には五〇〇匁玉の大砲三門を装備、甲板上には指揮官の豪華な御殿があり、船首には楠で作られた龍頭が飾られていた。竜頭が飾られている日本丸の様子は九鬼家に伝わる「九鬼大隅守船柵之図」に描かれている。

日本丸の存在や名称は、毛利氏が建造した安宅船などにも「日本丸」と呼ばれた船が存在したとさ

日本丸龍頭屏風絵　個人蔵

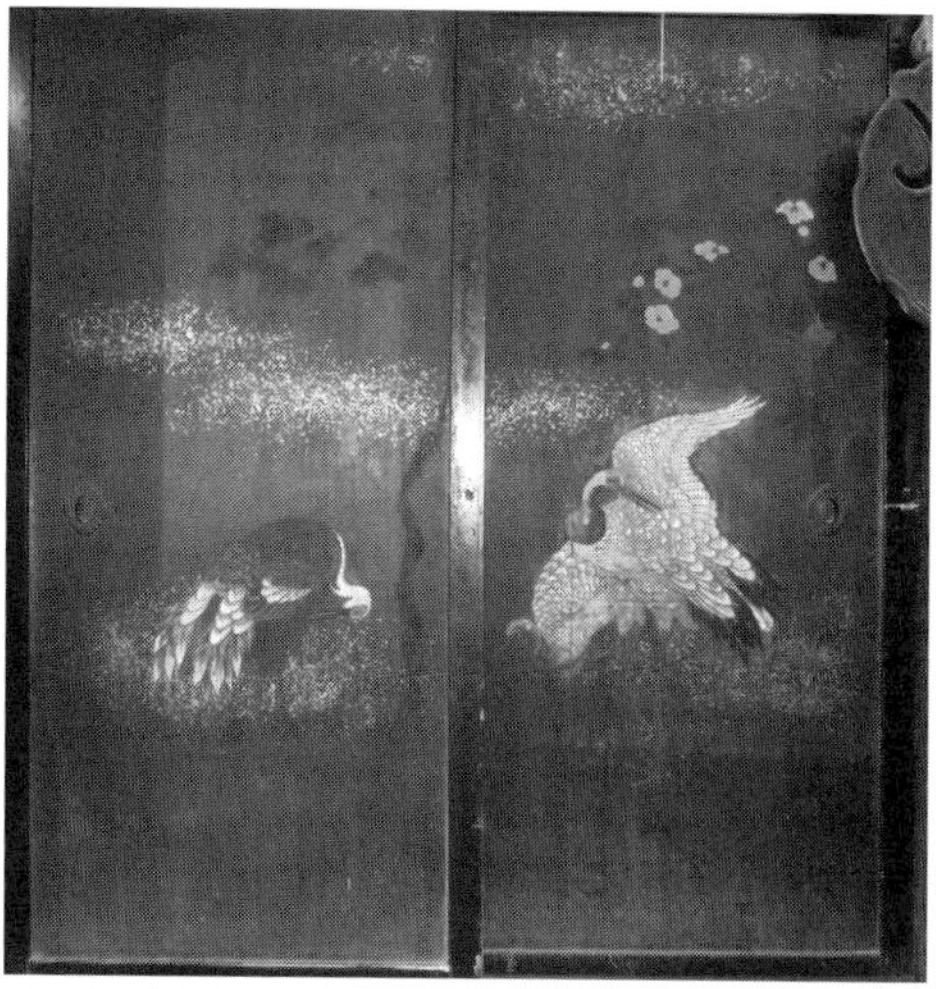

日本丸の板戸　三重県鳥羽市・光岳寺蔵

れ、近世の文献などには、日本丸ではなく、「鬼宿丸」という名称を用いているものもある。黒嶋氏は九鬼氏の日本丸について、一次史料を欠いていることから、「近世の九鬼氏における歴史認識の産物である可能性」を指摘されている（黒嶋二〇二二）。しかしながら、慶長七～十年頃に守隆が「三国丸」建造に関して指示を出している書状のなかには「其外の道具は鳥羽奉行どもまで相談し、日本丸の時のごとく仕るべき候」とある（『三史近一』）。つまり、造船にかかる道具は日本丸のときのように用意せよと記しており、なにより守隆自身が関ヶ原の戦いからまもない時期に、「日本丸」と呼んでいることからも、九鬼氏の建造した「日本丸」という船自体が存在したことは間違いないだろう。

朝鮮戦役後の日本丸の消息は、関ヶ原の戦いの際に、伊勢市の中島での戦いの記述のなかで、九鬼一族と北一族が大船日本丸に乗って熊野に避難した（「神境合戦類聚」）という記述があり、関ヶ原時にも現存していたらしい。

その後、鳥羽に長く繋留保存されていたが、のちの領主内藤氏が五百石積に改造し、名も「大龍丸」と改めた。やがてそれも朽ちてきたため、安政三年（一八五六）に解体されたとされる（石井一九八三）。

日本丸を偲ぶ資料としては、伊勢市大湊の旧家に菊と葡萄を描いた天井板二枚、黒漆金箔張りの舞《まい》良戸《らど》・螺鈿《らでん》の高欄の一部が伝わっているほか、鳥羽市内の光岳寺《こうがくじ》には日本丸の板戸とされるものが四枚残されている。板戸は、高さ一六三センチメートル、横七十五センチメートルで、鶏図の裏面に山水図、唐人物図の裏面に鶴図が描かれており、当時の船内の豪華さが偲ばれる。また、伊勢市の神宮徴古館《ちょうこかん》には、日本丸の船首に飾られていた龍頭の彫刻が残されていたが、第二次世界大戦の戦火で焼失してしまった。しかしながら、徴古館での龍頭の展示風景を描いた屏風絵が鳥羽に残されており、龍頭のほか、手前に安宅船の模型が展示されていることがわかる（豊田編二〇一一）。この模型の板戸は黒地に金色で彩色されており、一部の板戸には麒麟《きりん》が描かれている。麒麟の板戸は現在、鳥羽市立海の博物館に展示されている板戸と考えられ、日本丸の板戸とされる光岳寺のものよりも小さく、色調も異なる。したがって、徴古館にあった模型は日本丸が後に一回り小さく改造された「大龍丸」をモデルにしているとみられる。

なお、石井謙治氏は、日本丸の矢倉の構造に疑問を呈されており、現存する遺物の豪華さから実戦的というよりは御座船的傾向が強いと考えられることから、『肥前名護屋城図屏風』に描かれている三艘の大安宅船のうち、赤い幕が飾られているものが日本丸を描いている蓋然性が高いと指摘している（石井一九八三）。日本丸がどのような船であったのか。今後検討すべき事項の一つである。

造船力を有した要因

さて、九鬼氏はなぜ日本丸のような大型の安宅船に代表される造船能力を有していたのだろうか。

九鬼氏が頭角を現す以前の志摩地域において、多くの廻船が航行していたことは先述したが、中世の神宮関係の文書には、「新造船」という文言が確認でき、この地域で新しい船が造られていたことが確認できる。たとえば、文明七年（一四七五）の内宮庁宣には「伊志賀小新蔵の事」とあり、文亀二年（一五〇二）にも「答志船福徳新造船」が神船として内宮より、海上の自由通行権を認められている（「明応三年引付」）など神船が造船されていたことがわかる。これらのことから、志摩地域の諸勢力は造船技術を有しており、神船に代表されるような新造の船を自分たちで造っていた。なお、北条氏は、「熊野新造」という大船を熊野から購入している（「北条氏虎朱印状」）ほか、「東海船」という船も購入している（「大川文書」）。永原氏は、この「東海」という表記が伊勢大湊の永禄八年の「船々聚銭帳《ふねぶねしゅうせんちょう》」にも確認できることから、「東海」型の中型船であることを指摘されている（永原一九九二）。また、伊勢大湊の会合衆《えごうしゅう》であった角屋七郎次郎は、小牧・長久手の戦いの際に徳川方に持船「八幡新造」を間宮信高の指揮下に送った事例もある（「角屋関係資料」）。

以上のことから、間接的な史料ではあるが、中世以来、伊勢志摩や熊野地域では造船が盛んで、九鬼氏や嶋衆といった海賊衆もこれらの系譜を引いており、造船技術を有していたのだろう。

そのような環境に加え、嘉隆は本願寺攻めの際に信長から六艘の大船の建造を命じられた。この大船の建造は信長の意向によるものだが、織田氏の莫大な財源と技術力を動員して建造されたことは想像に難くない。嘉隆はこの大船の建造を経験することにより、大湊との関係性や大規模な軍船の建造技術を高めるとともに、堺商人との交流により鉄などの造船に必要な物資も入手できる体制を構築した。以後、たびかさなる大安宅船の建造にも対応できる造船能力を培ったといえるのではないだろうか。

時代は下るが、子の守隆が慶長期に建造した「三国丸」という大安宅船建造時の史料などをみると、志摩国の九鬼氏の所領内には船大工・鍛冶《かじ》職人といった造船に必要な職人がおり、大船の建造の際にもそれらの職人集団が動員されたことがわかる（『三資近一』）。また、必要に応じて他地域からも大工を調達していたようである。九鬼氏の造船能力は全国の大名のなかでも屈指の能力を有していたのだろう。

第五章　嘉隆から守隆への家督継承

慶長の役への不参加

朝鮮半島での戦いは、明《ミン》軍の援軍や朝鮮側の攻勢により日本勢は苦境に立たされていた。その後、戦闘は膠着状態になり文禄二年（一五九三）三月頃から日本と明の間で和議交渉が始まる。

慶長元年（一五九六）九月、大坂城で秀吉と明の使節との会見が実現したものの、両者の和議の内容には隔たりがあり、やがて決裂し再び再派兵にむけて動き出すことになった。

翌年二月二十一日の慶長の役にともなう陣立書（「島津家文書」）には、脇坂安治や加藤嘉明ら先の文禄の役で嘉隆とともに船手衆を務めた大名らが出兵する一方で、嘉隆の名は見あたらない。「脇坂記」には、九鬼氏の名が記されている場面もあるが、他の史料には確認できず疑問が残る。慶長三年（一五九八）の秀吉の朱印状によれば、明軍・朝鮮軍の来襲という報に接し、毛利輝元《てるもと》や増田長盛らからなる援軍を組織し派遣する意向だったが、敵勢を撃退したことによりその必要がなくなったという文書が出されている。この援軍のなかに「九鬼父子」という記述もみられる（「島津家文書四二〇」）。

このことから、慶長の役に際して、嘉隆は守隆とともに参戦の用意はあったが、出陣することはなかっ

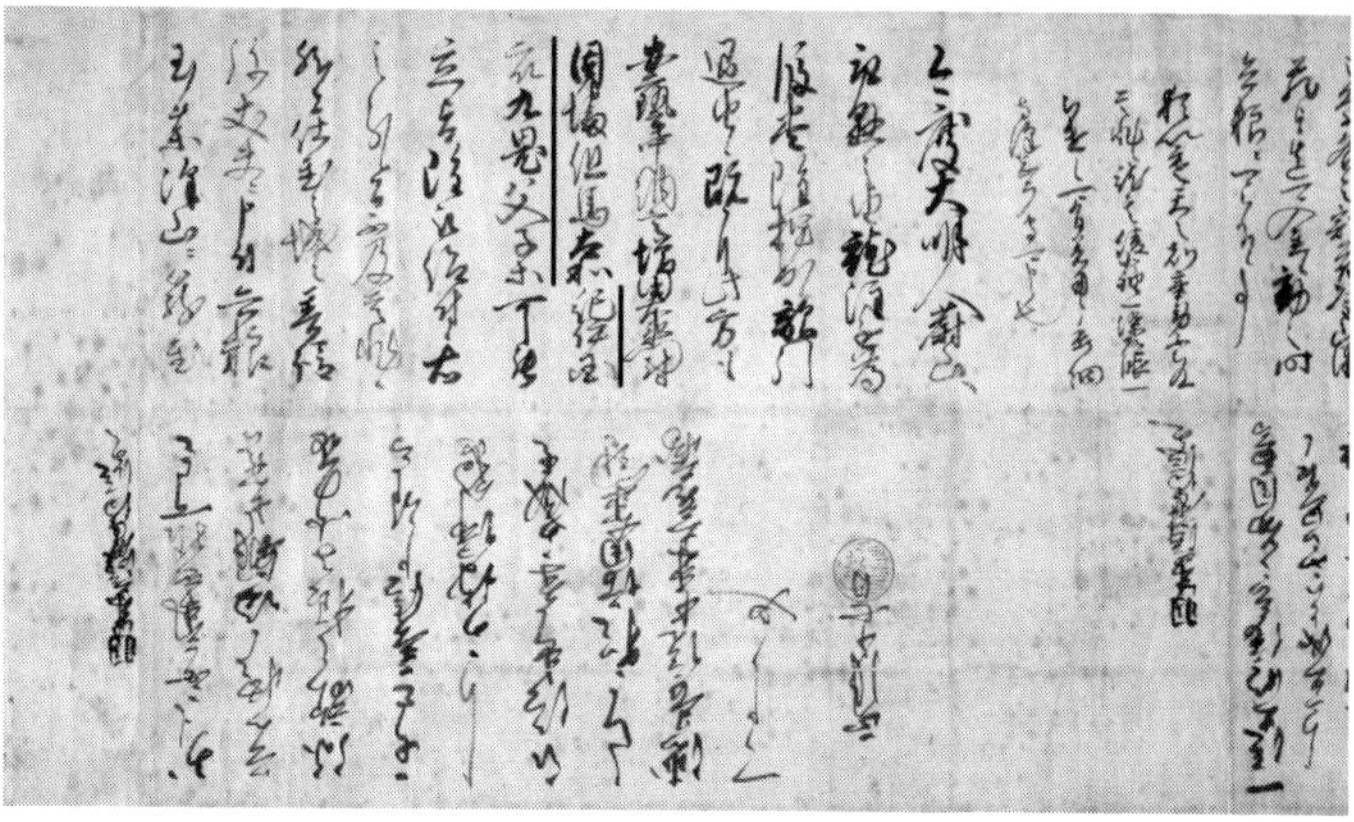

豊臣秀吉朱印状　援軍として「紀伊国衆九鬼父子」（傍線部）が派遣される予定だったことを記す　島津家文書　東京大学史料編纂所蔵

たようである。

嘉隆の隠居と守隆への家督相続

父子で役割を分担し諸役にあたっていた九鬼氏だが、文禄の役が終わった後、嘉隆は家督を守隆に譲り隠居することになった。『寛政譜』の嘉隆の項には、「慶長二年致仕し、伊勢國のうちにをいて隠栖の料五千石を領す」とあり、守隆の項にも「慶長二年封を襲、三萬石を領し、鳥羽城に住す」とあり、嘉隆は慶長二年（一五九七）、守隆に家督を譲ったことが記されている。

嘉隆の隠居の理由は不明だが、文禄の役中、嘉隆は船奉行として一緒に出陣した加藤嘉明・脇坂安治ら他の船手衆との連携がうまくいかず、脇坂とは危うく同士討ちしそうになるなど、統制が取れず苦しい立場にあったようだ。秀吉も、嘉隆に一定のリーダーシップを与えるよう指示を出したが、船手衆の協調関係が改善することはなかった。

のちの慶長元年（一五九六）に発せられた再派兵の軍令には、嘉隆の名は確認できない。一方で、加藤や脇坂らは引き続き船手衆として位置づけられている。秀吉は、九鬼氏に対しとくに処分は加えておらず、懲罰交代というよりも、脇坂や加藤ら秀吉子飼いの武将たちを優先して配置し、九鬼氏には、造船などの後方支援にあたらせることにしたのだろう。とはいえ、水軍の将として名を馳せてきた嘉隆としては、挫折感を味わったらしく、それが隠居に少なからず影響を与えたのかもしれない。

代替わりにともない権限を移管する

戦国乱世にあって、次の世代へいかに円滑に権力を移譲できるかは、家の存続を左右する重要な問題の一つである。戦国時代から近世初頭にかけての大名の家臣には、代々主従関係を結ぶという意識が弱く、主君の子が跡を継いでも、異論があれば服従しない者もいた。場合によっては家督争いが発生し、家の分裂や崩壊を招きかねなかった。

それを防ぐために、大名は代替わりの前後は、当主が余力ある段階で家督を譲り、後継の当主がそれなりの軍事的・政治的経験を積むまでは、前当主が隠居として現当主を支える「隠居政治」という慣習や、新旧の当主が何らかのかたちで権限を分掌しながら一つの権力を構成する「二頭政治」といった体制がとられていた。これは、毛利や島津氏、北条氏など全国的にみられる事象で、織田信長も四十三歳の天正四年（一五七六）に嫡男の信忠に家督を譲っており、十六世紀から十七世紀にかかる国内の武家に広範にみられた慣習である。この慣習の意図は、隠居が睨みを利かせることで有力家臣の勝手な動きを封じて統制し、スムーズな当主交代を行うことにあったと考えられている（山室一九九一）。同様の動きは九鬼氏でも確認でき、嘉隆から守隆への代替わりの過程を示すものとして、新旧当主の権限の分掌過程をみていく。

大名当主の隠居にともなう権限の移管は、多くの大名の場合、発給文書の変遷などからわかるが、九鬼家の場合、嘉隆の発給文書はほとんど確認されていないため、変遷をたどることはできない。しかし、嘉隆の隠居の時期とされる慶長二年（一五九七）から守隆の発給した文書が確認されるようになり、守隆が家督を譲られた直後に発給したとみられる同年八月八日付けの小橋長右衛門宛の知行宛行状が確認されている（高田一九九九）。

また、鳥羽市坂手町に所在する「林昌寺文書」のなかにも、「孫次郎友隆」の名で発給した漁業免許状（『三資中二』七〇九）が残されている。

石鏡・すか嶋・安楽嶋・浦・桃取・小浜・答志之和具、この浦々漁《すなと》りの儀、先きのことくりやう仕るべく候、並びに菅嶋山狩こと、これまた前々の如し、此通り代官共ニも申付け候間、此由

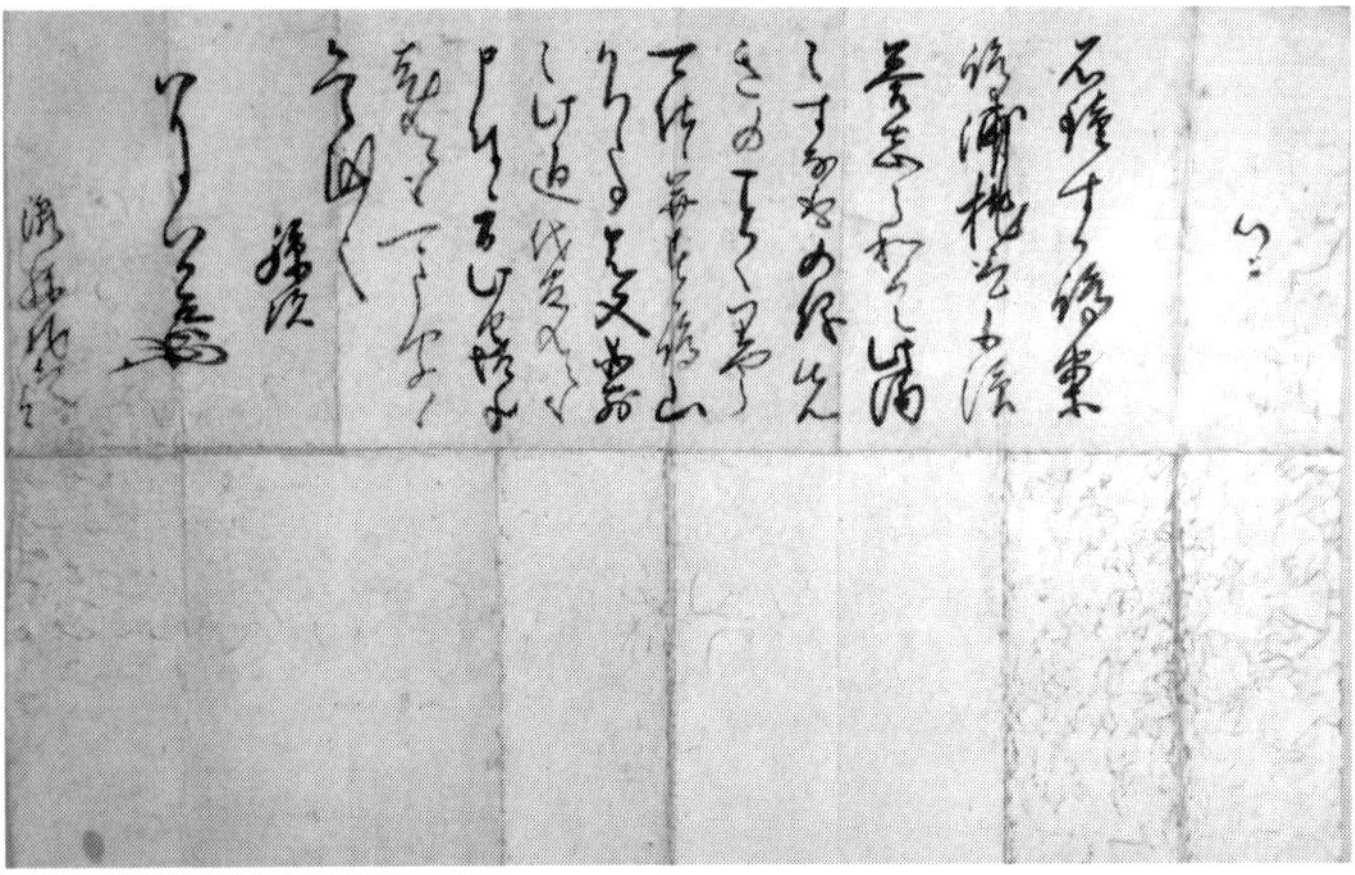

九鬼守隆免許状　三重県鳥羽市・林昌寺蔵

坂手 老《としより》共へも申し聞かすべく候、恐々謹言

孫次

八月八日　友（花押）

瀧孫作殿まいる

（文意）石鏡・菅島・安楽島・浦・桃取・小浜・答志の和具、この七か村の海域での漁業は、これ通りにしてよろしい。それに加えて菅島村の山で木を切ることもこれまで通りである。この通りに、島を治める代官に申し付けるから、このことを坂手の村役人へも申し聞かせなさい。

これは、守隆が坂手村（鳥羽市坂手町）に対し、石鏡村をはじめとする周辺七か村領海への入漁権と菅島山への入会権を認めたものである。この文書を所蔵する林昌寺には、同内容の歴代鳥羽藩主の漁業免許状が残っているが、九鬼氏の時代に発給されたものは、この史料のみである。「是又前々の如く」とあることから、漁業権を新たに認定したものではなく、嘉隆の時代にはすでに安堵されていたことがわかる。この免許状は守隆が家督を相続し、新たな当主として発給したものである。先の小橋家文書と同様に「孫次郎」名で文書が発給されており、年代は書かれていないものの、慶長二年（一五九七）に守隆が小橋家に発給した知行宛行状と花押の形態も同様であり、日付も同じく八月八日であることから、同年に発給されたものであろう。これらの史料から、慶長二年（一五九七）の八月八日より前に嘉隆から守隆に九鬼家の当主が移り、知行宛行状や漁業安堵状の発給権は守隆に移管したといえる。

嘉隆の隠居後の動向

朝鮮出兵から帰国した嘉隆は、慶長二年（一五九七）に家督を守隆に譲り隠居の身となるが、表舞台から姿を消したわけではなく、史料では引き続き、嘉隆の名が確認できる。ここでは守隆への家督相続後の嘉隆の動向をみていく。

慶長の役では、秀吉の子飼いの家臣であった加藤嘉明や脇坂安治、藤堂高虎らが船手衆を率いることになり、嘉隆が船手から外れたことは先述した。しかし、慶長三年（一五九八）正月十七日付けで加藤清正ら多くの大名に発給された秀吉の朱印状には、毛利輝元たちからなる援軍を送る予定だったことが判明しており、その援軍のリストに「九鬼父子」の記述が確認できるので、九鬼氏は出兵せず、遊軍的な存在だったようだ（「近江水口加藤文書」など）。

また、この時期に豊臣政権が九鬼氏に宛てた文書の宛名には、嘉隆と守隆の連名となっている史料が確認できることからも、守隆が当主となった後でも嘉隆は守隆の後見として引き続き影響力をもっていたのだろう。その甲斐があってか、この時期に九鬼家内で当主交代をめぐる家臣らによる騒動などは確認できない。

慶長三年（一五九八）の六月とみられる、石川光元・増田長盛から嘉隆に宛てた書状では、慶長の役において必要な一〇〇艘の安宅船を建造することが命じられている（「旧三田藩主九鬼家文書」二〇二二）。したがって、造船に関しては、嘉隆が依然として差配していたといえる。この時期の九鬼家は、領内の支配は守隆、造船関係は嘉隆が行うなど、新旧当主が権限を分掌して一権力を構成する「二頭政治」が行われていたようだ。なお、同年十月十六日付けで、五大老は伏見において、水軍を有する諸大名に船舶の用意などを指示しているが、九鬼氏に対しては、嘉隆と守隆の両名宛で出されていることが確認できる（佐野義人氏所蔵文書）。

九鬼氏への法体禁止指示

さて、嘉隆の隠居後の動向を考えるうえで興味深い史料がある。次の文書は五奉行から、嘉隆・守隆父子に宛てた連署状である（五奉行連署状、「堺市博物館所蔵文書」、堺市博物館二〇一六）。

態《わざと》申し入れ候、公儀により御免なされる儀も之無くに私として発体《ほったい》仕られ候事堅く御停止《ごちょうじ》なされ候間、其の御意《ぎょい》を得、有るべく候、恐々謹言

長大
正家（花押）
十二月廿九日
石治少
三成（花押）
増右
長盛（花押）
浅弾正
長政（花押）
徳善
玄以（花押）

九鬼大隅守殿

同孫二郎殿
　御宿所

豊臣家五奉行連署状　堺市博物館蔵

（釈文）

一筆申し入れます。豊臣政権の許可なく勝手に法体になることは固く禁じられていますのでそのように心得てください。以上、謹んで申し上げました。

内容は、五奉行から九鬼氏に対して、豊臣政権として許可なく「法躰」（法体）になることを禁じることを伝えたものである。法体とは髪を剃髪し、僧侶の姿になることをいう。これまで、嘉隆・守隆が法体を考えていたことを示す史料は確認されておらず、新しい発見といえる。

この書状の年代は、嘉隆から守隆への家督が譲られた前後とみられる。慶長四年（一五九九）四月十九日に、守隆は諸大夫成をして、「従五位下長門守《ながとのかみ》」に叙任され、それ以後は「長門守」を名乗るようになる（「九鬼家隆氏所蔵文書」）。また、それよりも前の慶長二年（一五九七）の十二月以前では、秀吉が存命であり、慶長の役の最中でもあり考えにくい。以上のことから、秀吉の死去により慶長の役が終わり、撤兵を行っている慶長三年（一五九八）の十二月と考えて良いだろう。

九鬼親子は法体を考えており、それがどういった経緯で五奉行に伝わったのかは不明だが、五奉行からは法体になることを認められなかった。その後、九鬼父子が法体した形跡は確認されておらず、断念したようだ。

なぜ、九鬼父子は法体をしようとしたのであろうか。また、五奉行はそれをなぜ認めなかったのであろうか。

北川央氏によれば、九鬼氏の法体を禁じたこの文書が出された数日後の慶長四年（一五九九）正月五日に、五奉行が法体し、公儀として秀吉の死が正式に公表されている（『義演准皇后日記』慶長四年正月五日条）こと。また、法体については、天正十年（一五八二）に織田信長が本能寺の変で横死した際、細川藤孝・忠興父子が「もとゆゐ」を切って法体をした事例が知られることから、九鬼父子の法体の要因についても秀吉への弔意を示すためではないかと指摘されている（豊田二〇二〇注釈参照）。したがって、五奉行としては、秀吉の死の公表直前に、嘉隆らの法体を政権として認めるわけにはいかなかったと考えられる。

九鬼氏が秀吉に対して恩義をもっていたことがわかる史料がある。それは、慶長六年（一六〇一）正月に守隆が作成させた豊臣秀吉の肖像画である。現在は個人蔵になっているが、九鬼家に伝来していたものとされる（大阪城天守閣一九九四）。この肖像画は、秀吉に近侍した絵師の狩野光信が描いたもので、生前の秀吉と交流が深かった妙心寺の僧の南化玄興《なんかげんこう》による賛（像主を讃える文）がある。秀吉の死後には神像として多くの秀吉画像が作られたが、九鬼氏は小大名でありながら、非常に立派な肖像画を作成しているのである。

また、秀吉は嘉隆に対して文禄の役までは豊臣水軍の主力として扱っているほか、朝鮮渡海用の軍船の設計図の作成を任せ、伏見城普請の際には守隆を嘉隆と一緒に任務にあたるように差配するなど九鬼氏に対しては比較的優遇しているようにみえる。したがって、豊臣大名として仕え、志摩一国の大名にまで上り詰めた九鬼氏は、秀吉に対してかなり恩義を感じていたようで、父子が法体をしようとした理由としては秀吉の死に対する弔意を示すためだったといえよう。

法体の禁止の文書が出された数か月後の慶長四年（一五九九）四月十九日、守隆は諸大夫成をした（「九鬼家隆氏所蔵文書」）。守隆の諸大夫に関連すると考えられる四月十九日付けの長束正家から守隆宛の文書が残っており、「明朝早々に出発して、徳善院（玄以）の案内を得て上洛しなさい。その外に申し付けた進物を心得ておきなさい」という内容で、守隆が諸大夫叙任を受けて、参内するにあたっての連絡事項が書かれている（「三田九鬼家文書」）。また、これにともない、五奉行から嘉隆・守隆に宛てたもので、同日と考えられる書状には守隆の諸大夫への叙任にあたり、上洛して参内する際に「長袴と肩衣」を着るよう命じられている。そのほか、秀吉からの許しがなく、私として船を出すことを堅く禁止するという仰せがあったことを伝えている。奉行衆より参内にあたり、服装に関して指示を受けている点で、たいへん興味深い史料である。また、理由は不明だが、参内に船の使用が禁止されており、五奉行が九鬼氏が船団を組んで行くことを警戒したのであろうか。なお、この書状は嘉隆と守隆の両名宛で出されており、現状で確認されている最後の連名宛の史料である。

このように、九鬼氏は朝鮮出兵から帰国し、嘉隆から守隆への代替わりが実施され、守隆も九鬼家当主として諸大夫成を済ましていた。九鬼家にとっては順調に家督が継承されたといえよう。

嘉隆の領国経営

嘉隆の領国経営については、ほとんど史料は残っておらず、よくわかっていない。現状では断片的な史料しか残っていないが、確認できる事項を触れておく。

鳥羽市小浜町の鳥羽磯部漁業協同組合小浜支所が所有し、鳥羽市立海の博物館に寄託されている「小浜文書」のなかには天正十六年（一五八八）の「度会郡小浜検地帳」が残る。「度会郡」は伊勢国内の郡名なので、伊勢国内で行われた検地で作成された可能性がある。小浜村は鳥羽の北隣の村だが、かつては小浜氏の拠点であった地である。この検地が九鬼嘉隆の支配下で行われた検地か否かは不明だが、志摩国内には同年の検地帳は残っておらず、志摩地域で確認できる最も古い検地帳である。

小浜村の検地帳に続くものとしては、文禄三年（一五九八）から翌年にかけて検地帳があり、伊勢国で行われた検地と同条件で行われており、嘉隆の鳥羽城竣工時期とも重なることから、同じ頃には九鬼氏による志摩国の支配体制がより固まっていったようだ。

また、嘉隆をはじめ九鬼氏の時代の貢祖も不明だが、近世の鳥羽藩の各村の指出帳には、「是は九鬼大隅守様御代人夫多く召遣わされ百姓共迷惑仕り候」（『鳥羽市史』）と一様に記されており、たびかさなる戦により、水軍編成にともなった水主の徴発が非常に過酷だったことがわかる。そのほかにも嘉隆が鯨税を設定したことなどが伝えられる（中田一九七六）。

第六章　関ヶ原の戦いと父子の争い

父子でぶつかりあう嘉隆と守隆

秀吉の死後、徳川家康は豊臣政権内の対立を利用して実権を握り、対立する有力大名の会津《あいづ》の上杉《うえすぎ》景勝《かげかつ》を攻める口実をつくって慶長五年（一六〇〇）、諸大名を動員し、会津征討に向かった。九鬼家当主の守隆は徳川家康に従軍していた。これに対し、隠居の嘉隆のもとには、石田三成から西軍に加わるよう要請があった。嘉隆は、隠居で「老年の身」でもあるため一度は断ったが、三成の再三に渡る懇願により、紀伊国新宮城主堀内氏善を従え、上杉征伐のため出兵していた守隆の鳥羽城を奪い、氏善とともにこの城に立て籠もった（『寛政譜』）。

嘉隆は石田三成の西軍に味方し、ついには父子で戦うことになった。嘉隆の西軍への傾倒の理由は何だったのであろうか。これについて、『志摩軍記』には、嘉隆が伊勢田丸の岩出城主・稲葉《いなば》道通《みちとお》が領内の木材を京畿に輸送する際に嘉隆の飛領地を通るため、漕税を嘉隆に治めていたが、秀吉の死後、家康が納税を免じたこともあり、家康に対して恨みをもっていたとある。そして、犬猿の仲であった稲葉へ報復する機会と考えたという。しかし、家康と嘉隆が不仲であったという史料は確認されてお

石田三成画像　東京大学史料編纂所蔵模写

らず、慶長元年（一五九六）には家康が伏見の嘉隆亭を訪ねているなどの交流をしており、疑わしいといわざるをえない。

諸説あるものの、先に触れたように、嘉隆が秀吉に対して恩義を感じていたことや、守隆への代替わりを着実に実施していることから考えても、西軍・東軍のどちらが勝利しても九鬼氏が存続できるようにしたためと考えられる。これは九鬼氏に限ったことではなく、全国で多くの大名が、御家を存続させるために二股をかけていた。たとえば、真田《さなだ》氏は長男の信幸《のぶゆき》が東軍、次男信繁《のぶしげ》と父昌幸《まさゆき》は西軍に分かれたことはよく知られているが、ほかにも讃岐の生駒親正《いこまちかまさ》が西軍に属する一方で、親正の子の生駒一正《かずまさ》が東軍の徳川家康に属し、親子に分かれて戦っている。戦後、九鬼家も含めて、東西に分かれて戦ったいずれの御家も御家存続に成功していることも、傍証となろう。

さて、関ヶ原の戦いの過程に話を戻そう。徳川家康の会津征討に従軍していた守隆は、下野国小《しもつけのくにお》山《やま》に至り、三成の挙兵を聞き家康に忠誠を誓い、先手として池田輝政らと上方へ出発した。その後、伊勢に侵攻した西軍を防ぐよう家康の指示があり、池田輝政の居城のある三河国吉田《みかわのくによしだ》から伊勢湾を渡って志摩国に帰った。

一方、関ヶ原の戦いのときの嘉隆の動向は、山内譲氏により新たな史料が紹介されている。それは、来島村上氏の一族である村上彦《むらかみひこ》右《え》衛門義清《もんよしきよ》の活動記録である「村上彦右衛門義清働之覚」（以下、「働之覚」と記す）で、西軍方として伊勢湾とその周辺の合戦に参戦した義清の活動のなかで九鬼氏の動向がわかる。以下、山内氏の研究より引用しつつ紹介する（山内二〇一四）。

義清らは、大坂から紀伊半島を回って伊勢湾に向かったが、途中、志摩半島で守隆の拠点をいくつか攻撃した。一つは「こしかの浦」（三重県志摩市越賀）である。「働之覚」によると、はじめ英虞《あご》湾《わん》北岸の浜島（志摩市浜島町）に舟を着けたが、住人たちが「ここは九鬼嘉隆の領分で対岸の越賀が守隆の支配地であり、そこには番船が三艘ある」と告げたので、越賀を攻撃したという（「働之覚」）。この記述から浜島《はまじま》は嘉隆の領地で、越賀は守隆領であったことがわかり、九鬼父子の領地配分の一端が垣間見え興味深い。

鳥羽城を嘉隆に奪われた守隆は、安乗に上陸し国府《こう》城（志摩市阿児町）に本拠を構え（『寛政譜』）、その後、安乗で嘉隆と合流しようとする義清らの軍勢と一戦を交えた。安乗での戦いを「働之覚」は次のように記している。

越賀にいた九鬼方の者たちは「番船」に乗って逃げ上がり、守隆の居城が近くにあったのでそこへ

国府城跡　三重県志摩市

の戦いの様子を注進した。注進を受けた守隆が射手船五・六艘を差し向けてきたので、義清方は鉄砲を撃ちかけた。その戦いで九鬼宮内という人物が打ち倒されたととある。その後、義清らは鳥羽城に向かい、嘉隆と面会したという。そして嘉隆は伊勢湾の制海権を握ろうとし、村上景弘・乃美景継らの毛利の水軍と合流し、熱田の近辺から師崎までの広範囲に及んで攻撃を行ったものとみられ、熱田の浜辺からは紫に白桐の頭の幕を張った嘉隆の大船一艘が見えたことが記されており（「慶長年中卜記」）、関ヶ原の戦いの前の伊勢湾は嘉隆らの西軍が制海権を握っていたのではないだろうか。

　九月七日に、徳川家康は守隆に対し、「鳥羽城を奪われたのは仕方がない、そのかわり志摩国府に足掛かりをつけて城普請をしていることはもっともである。当方の水軍をそちらへ差し向けたのでまもなく到着するだろう」と伝えている（「九鬼家隆氏所蔵文書」）。

　守隆は、安乗の古城を修理して家臣である豊田《とよた》五郎《ごろう》右衛《え》門《もん》に守らせ、自身は志摩国安乗に拠点を置き、伊勢湾口の警固にあたった。この際、鳥羽城救援に向かっていた西軍の伊勢国桑名《くわな》城主、氏家《うじいえ》行《ゆき》広《ひろ》の一族が西国勢を引き連れ伊勢湾に入ろうとしたのを攻撃し、敵船三艘を乗っ取るなどの戦果を挙げ、家康から感状を与えられた（「九鬼家隆氏所蔵文書」）。

嘉隆と守隆との戦いは、次のような事情による。守隆が安乗に配した家老豊田五郎右衛門は鳥羽に使者を出し、嘉隆が安乗の城を攻めるなら、味方して城に兵を引き入れようという提案をしてきたという。これに対し嘉隆は、自分が五郎右衛門を守隆の後見に引き立ててやったにもかかわらず、守隆を裏切ろうとしていることに怒り、この提案を拒否し、交戦になったという。

そして、九月十一日には加茂の船津（三重県鳥羽市船津町）で、守隆は嘉隆・氏善軍と戦った。九月十二日付の川面《かわづら》九郎《くろう》右衛門《えもん》と山崎《やまざき》権《ごん》右衛門《えもん》に宛てられた感状で、守隆は加茂における戦いに触れている。そこでは、前日の九月十一日に加茂へ軍勢を出したところ、堀内氏善・九鬼嘉隆軍からも出陣してきて、加茂五ヶ村の船津村にて合戦になったことが記されている。また、その戦いでのいくさぶりを称賛している（「川面家文書」）。この戦いでは、「父子しばしば合戦に及び、氏善が家臣を始め敵数人を討取、守隆が手に於ても村田七大夫、工藤祐助某、森田右近某数輩奮戦して討死す」（『寛政譜』）と記されており、守隆側の家臣も討ち死にしていることがわかり、激戦であったようだ。

九月十五日に関ヶ原の戦いで石田三成方の西軍が敗北すると、伊勢で戦っていた村上義清は、津を出船し、途中鳥羽に立ち寄って嘉隆に関ヶ原の状況を伝えたという。嘉隆は鳥羽城を逃れ逐電し、答

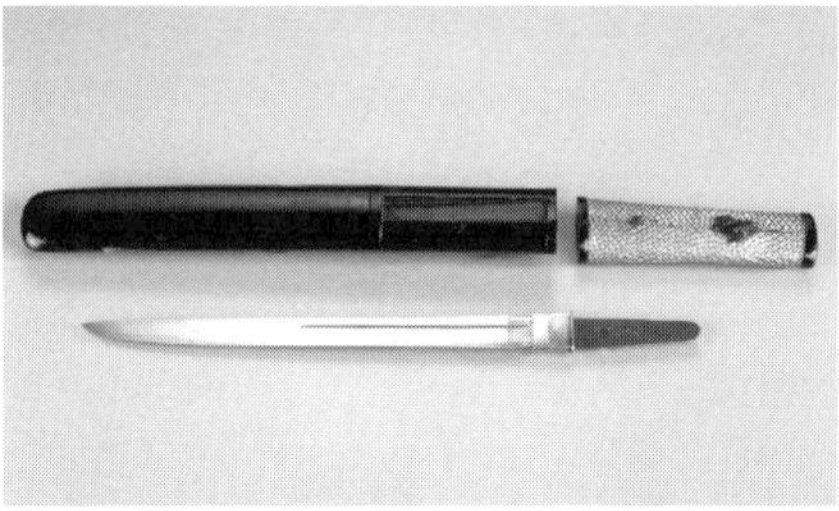
九鬼嘉隆の切腹に使用されたとされる短刀信國　三重県鳥羽市・常安寺蔵

洞泉庵跡の石碑　三重県鳥羽市

答志島の血洗い池　三重県鳥羽市

志島の和具に潜居した。これを知った豊田五郎右衛門は、もし嘉隆と守隆親子が対面することがあるなら、自分が守隆を裏切ろうとしたことが知れ、処罰を逃れ難いと考え、使者を嘉隆に遣わして守隆の命令と偽り、家康が西軍についた嘉隆を憎んでいるので早く切腹するように勧めたという。

　嘉隆の最後の言葉は次のように伝えられている。「我軍敗るるうえはかねてその覚悟あり。はじめ黙止難き故ありて三成に組し、父子相分れて敵となる。親に在っては親のためにし、君にありては君のためにす。唯其身のあるところにして死を致さむのみ。守隆かつてより関東に仕えて二つなく、忠を尽くす。我庭訓の及ぶところなり。今齢かたぶき、我子忠孝を全うす。いささかおもひをくことなければ、すみやかに切腹すべし。汝介錯し、我首を桶にいれ、京都に至りて献ずべし。必ず鳥羽にかへる事なかれ」と守隆のもとへ一封の遺書を渡したという（『寛政譜』）。

一方、鳥羽城を取り戻した守隆は大坂に行き、家康に父の助命を懇願し福島正則、池田輝政らの協力もありようやく許された。守隆は、急いで赦免の使いを嘉隆のもとに送るが、嘉隆はその使者の到着を待つことなく慶長五年（一六〇〇）十月十二日に答志島の和具（鳥羽市答志町和具）の洞泉庵《どうせんあん》にて切腹した。享年五十九。嘉隆の首は、京都に送られる途中の伊勢国明星《みょうじょう》（多気郡明和町）で嘉隆赦免の使者と行き会ったという。このことを聞いた守隆は、

九鬼嘉隆の胴塚（上）と首塚（下）　三重県鳥羽市

五郎右衛門を捕らえ、首をはねて獄門に晒した。現在、答志島には嘉隆の胴塚と首塚がある。嘉隆が切腹した洞泉庵は明治時代に廃寺となったため、現在その跡地には答志和具コミュニティセンター（九鬼の館）が建てられており、その傍らに「洞泉庵跡」の石碑がある。その向かいには、切腹した刀や介錯した刀を洗ったという「血洗池《ちあらいいけ》」がある。胴塚はその近くにあり、首塚は築上山《つかげやま》の頂上にあって、「大隅大権現」と記された小さな墓碑が建っている。

関ヶ原外伝、神宮領での戦い

さて、関ヶ原の戦いに際し、伊勢神宮領内でも九鬼氏が関係した戦闘があった。この戦いは「神境合戦類聚」（神宮文庫所蔵文書）のなかに「慶長五年九月一日中島合戦」と題して記されており、『三重県史通史編近世一』で詳しく触れられているので紹介しておく（上野二〇一八）。

慶長五年（一六〇〇）九月一日に起こった中島《なかじま》合戦とは、伊勢神宮領内山田（三重県伊勢市）の中島に勢力を張る北勝蔵《きたしょうぞう》を惣領とする北一族内部の利害関係に周辺大名がそれぞれを支援して対立し、そこに東西両軍の戦いをきっかけに武力衝突したものである。なお、北氏は伊勢御師の一つで元亀四年（一五七三）に家系断絶の憂き目にあった度会氏姓の御師福嶋《ふくしま》家の名跡を継いだ一族で、伊勢神宮領内山田（伊勢市）の中島に勢力を張っていた。天正八年（一五八〇）以前に嘉隆は、この北氏の福嶋家相続に介入をしており（「来田文書」）、その後、北家の一派とは懇意にしていたようである。

原因は北勝蔵と、従弟で山田二俣の来田弥七郎《きだやしちろう》との間で土地をめぐって不和となり、弥七郎が勝蔵の非道を落書にして中島に掲出したのに対し、勝蔵が弥七郎邸やその左右の町屋数十軒を焼き討ちするとともに、弥七郎の家来も殺害するという大きな争いに発展した。勝蔵は親の代から恩義を受けていた九鬼嘉隆を頼り、一方の弥七郎は「織田松島の本所」（織田信雄か）を頼ったが、九鬼と織田氏は両者を和睦させた。

豊臣期に入り、田丸（三重県玉城町）に稲葉道通が入封すると、岩出《いわで》に城を築き、稲葉は岩出に移った。岩出と中島は距離的に近いため、北勝蔵は稲葉氏と音信を交わしたが、稲葉氏と九鬼氏の仲が悪いことを知り、稲葉氏を避け、九鬼氏を頼るようになった。そして、関ヶ原の戦いが近づくと、嘉隆が西軍に加わったため、東軍に属する稲葉道通は、機会をみて嘉隆を攻めることにした。しかし、鳥羽へ攻め入るには九鬼氏の領地となっている二見（伊勢市）に攻撃を仕掛ける必要があるため、その準備を家臣たちに命じた。このことを察した北氏は自分たちへの攻撃準備だと考え、守備を固めた。さらに八月下旬には鳥羽から九鬼主殿助《とのものすけ》が兵二〇〇人余りを引き連れて勝蔵の屋敷に秘かに入り支援することになった。九鬼主殿助は、守隆の弟で、北勝蔵の娘と婚約していた。

九月一日未明に稲葉道通は八〇〇～九〇〇騎で岩出を出陣し、宮川を渡って中川原に着陣した。先手は二見へ向けて進発するが、まもなく方向を変えて北一族の守る中島へ攻めかかったので、北氏側は慌てたものの守備を固め、よく防戦した。稲葉勢は北勝蔵が守る北口から攻め入ったが、やがて兵は郭外を回って、勝蔵の弟勝五郎が一三〇人余で固める東口へやって来た。勝五郎隊は鉄砲を使い、高い所から堤を馳せ下る敵を狙い撃ちにしたため、稲葉方は騎乗の武士十一騎をはじめ五十人余が打ち取られたという。稲葉方はこれを見て作戦を変え、矢狭間に人影が見えたらただちに鉄砲を撃つようにしていたところ、勝五郎の代わりに見張りに出た者を仕留めたため、狙撃を恐れた勝五郎勢の射撃が衰えた。この隙に東口の門の下に一斉に攻めかかり、郭内に突入しようとしたが、勝五郎側は積石を割って投げるなどして防戦したため、稲葉方も郭内に入ることはできなかった。この東口の戦闘で勝五郎側に二十九人の死傷者が出た。

中島の西口の方は宮川に面して要害の地なので二十四、五人で勝蔵の弟である北孫大夫が守っていたが、ここにも稲葉勢が攻め寄せ、少人数のため孫大夫は敗れた。一方、南口は勝蔵の叔父である北外記ら十七、八人で固めていた。戦況は北氏側が次第に不利となり、勝蔵が守っていた北口が破れて郭内に稲葉勢が乱入し放火したので、北一族の屋敷は勝蔵の屋敷以外は皆焼亡してしまい、外記も討ち死にした。このような状況の中、焼けなかった勝蔵の屋敷に一族は立て籠もったものの、敵からは火矢をしきりに放ってきて、これを防ぐのに追われた。

中島合戦は朝八時頃に始まり、午後二時頃に終了した。北一族が降伏したわけではなく、勝蔵の屋敷で防戦しているなか、稲葉勢が引き揚げたためである。おそらく、稲葉氏は九鬼嘉隆の援軍が中島に向かっているという情報が入ったため、中島を完全に制圧できないままに新たな軍勢に対抗するべきでないと判断したようだ。嘉隆側の援軍は、嘉隆と新宮城主堀内氏善両人の率いる二〇〇〇騎という軍勢で、稲葉方が引き揚げた後の午後四時頃に中島に到着した。九鬼主殿助や北一族から戦闘の様子を聞いて、嘉隆・氏善はおおいに称賛したという。援軍は翌二日鳥羽へ帰陣した。

北一族は合戦後、勝蔵の屋敷で先のことを考え、妻子を親戚に頼んで隠していたが、九月十五日の関ヶ原での西軍敗戦の報が入ると、北一族六〇人余は鳥羽へ落ちていった。しかし、西軍についた鳥羽も大混乱となっていたため、十七日の暮れに九鬼一族と北一族は大船「日本丸」に乗って熊野の石島に避難したという。ここで十三日ほど様子をみていたが、何の情報も入ってこないので鳥羽へ帰った。そして、北一族は磯部村（志摩市）の山の方へ潜伏したという。以後、一族は流浪の身となったが、のちに中島の地に勝五郎が戻ることになった。なお、中島の戦いで西軍として参加した守隆の弟である九鬼主殿助は十月二十二日に志摩国浦村（鳥羽市浦村町）で自殺した。

以上が中島合戦の顛末である。この戦いも関ヶ原の戦いの前哨戦とみてよいが、九鬼氏と北一族の親密性、九鬼嘉隆と堀内氏善連合軍の動向を知るうえで貴重な記録といえよう。

第七章　嘉隆亡き後の九鬼氏

堅実な差配で活躍した守隆

関ヶ原の戦いの後、家康の論功行賞により、守隆は二万石加増され、嘉隆の隠居領五〇〇〇石も加えられ五万五〇〇〇石を領することになった。そして、幕藩制下でも九鬼水軍の機能を保ち続け、外様小藩ながら職能集団として特殊な地位にあり、守隆は幕府の船奉行を務めることになった。以下、守隆の動向をみていこう。

慶長十四年（一六〇九）に徳川将軍家は諸大名の海上軍事力に制限をかけるため、西国大名が所持する五〇〇石以上の大船を接収した。このとき、守隆は徳川の船手であった小浜氏・向井氏とともに接収の実務を担った。十七世紀初頭の九鬼氏は、御公儀船手の役儀に欠かせない大名として重要な位置にあったといえる。

慶長十九年（一六一四）に豊臣氏と徳川氏の戦いとなった大坂冬の陣では、真田丸《さなだまる》の攻防戦など陸上の戦いがよく知られているが、同時に大坂湾の制海権をめぐる海戦も行われ、守隆は徳川方の水軍の主力を務めた。

守隆は、「三国丸」という大安宅船に乗り込み、安宅船五艘、早船五十艘を率いて慶長十四年（一六〇九）に鳥羽を出発、十一月十六日には大坂・伝帆口（大阪市此花区）に着いた。十一月十九日に福島の南西に位置する大坂新家を攻めて占拠して、ここを「陣場」として二十九日には豊臣方の砦を落とした（『譜牒餘録』）。

大坂夏の陣では、堺に火を放った豊臣方を海上から攻撃し、大坂城が落城すると大坂湾河口付近の葭島《よしじま》に潜む豊臣残党狩りを命じられ、落人数百人を生け捕ったという。これが九鬼水軍としての最後の戦いとなった。

現在の大阪城　大阪市中央区

また、戦以外でも九鬼氏は船手衆として、持ち前の船を用いた海上輸送の業務に従事することが多かった。幕府の江戸・駿府城の手伝い普請の際には伊勢国や熊野から材木・石材といった物資の輸送を行っており、慶長十一年（一六〇六）には江戸城普請に参加している（『三近史』二八二）。また、材木輸送については、紀州の新宮川筋で伐採された材木を江戸や駿府への輸送に従事していた（『本宮町史』

二〇〇二）ほか、寛永六年（一六二九）には、鳥羽の答志から普請に必要な砂や庭石を積み、船にて輸送したことも判明している（「三田九鬼家文書」二〇二二）。

このように、守隆は幕府の船手衆の主力として活躍し、石高も千石加増されて五万六〇〇〇石となり九鬼家の最盛期を迎えることになった。父嘉隆の陰に隠れがちであるが、守隆の堅実な差配はもっと評価されるべきであろう。

守隆の骨董品収集

一方で、守隆の趣味嗜好を知ることのできる事項が紹介されているので、触れておきたい。守隆は骨董品の墨跡収集に熱心だったようで、金地院崇伝《こんちいんすうでん》に頻繁に鑑定を依頼している。崇伝は徳川家康の側近として大きな影響力のあった人物だが、墨跡の鑑定家としても知られていた。多くの大名が崇伝に鑑定を依頼するなかで、守隆は二十七回も鑑定を依頼している（星山一九七六）。守隆は、寛永八年（一六三一）九月三日に、現在は国宝となっている「雪舟之山水図」を見せに来ており、崇伝はこれに「銀子三枚五枚」という値をつけている。

守隆が頻繁に鑑定を依頼した背景には、武家社会における茶の湯の隆盛があって、茶の湯は政治的にも社会的にも重要な場であったということもある。そして、茶室に飾られる掛軸となる禅僧の書の価値は大きく上昇し、鑑定の需要が高まっていたこともあったという（林二〇一八）。守隆も大名同士の茶会などで必要な書を熱心に収集していたということや、崇伝との交際があったことがわかり興味深い。

大坂の陣で活躍した三国丸の建造

守隆が建造させて、大坂冬・夏の陣で活躍した安宅船「三国丸」は、嘉隆が建造した「日本丸」と並び九鬼氏を象徴する船として記録されている。

三国丸の概要は『志鳥旧事記』によると次の通りである。

長さ　弐十弐間半、
帆柱桧木長さ　六間半
櫓　六十六丁
鉄砲狭間矢狭間あり
風呂　但し四人詰程

三国丸は、長さ二十二間半（約三十四メートル）、約一八〇〇石積であったとされ、嘉隆の代に建造された日本丸が一五〇〇石積なので、日本丸よりも一回り大きい巨大軍船であった。

三国丸内には風呂を備えているほか、矢倉の上に小畑があり、菜大根を植え、船内には小井戸を作って、水を砂ごしして井戸へ流すようにしたという。そのほかに監船として長さ一丈三尺の舟を造り、内側にはロクロの仕掛けを設けて海中を自由に進退できるようにしたとある。

『三重県史』史料編近世一には、三国丸建造について、守隆が「友隆」名で指示を出している書状がまとまって収録されており、九鬼氏の造船力が垣間見える重要な史料である。文書の出された実年代は不明だが、友隆と名乗っているのは、慶長四年（一五九九）から慶長十五年（一六一〇）頃であり、花押の形態を加味すると、建造時期は慶長七年（一六〇二）から同十年（一六〇五）の間ということになる。『寛政譜』には、守隆が慶長十九年（一六一四）の大坂冬の陣の際に三国丸を建造して参戦したことが記されているが、三国丸の建造自体はそれ以前に完成していたということになる。

文書では、守隆が家臣の九鬼石見《いわみ》らに三国丸建造の指示と進捗状況について事細かく指示を出している。九鬼氏の造船の作事がわかる貴重な史料だが、船の部分名称など難解な部分もある。本書ではすべてを紹介することは割愛するが、とくに注目すべき事項を中心に触れておきたい。なお、以下、引用する史料はすべて『三重県史』に収録されているので、収録番号のみを記している。

まず、建造には領内の大工を動員して屋形を製作するように命じており、九鬼氏が船大工の職人集団を有していたことがわかる（二五九号）。また、「鉄大坂より相着き候哉」とあり、建造に必要な鉄

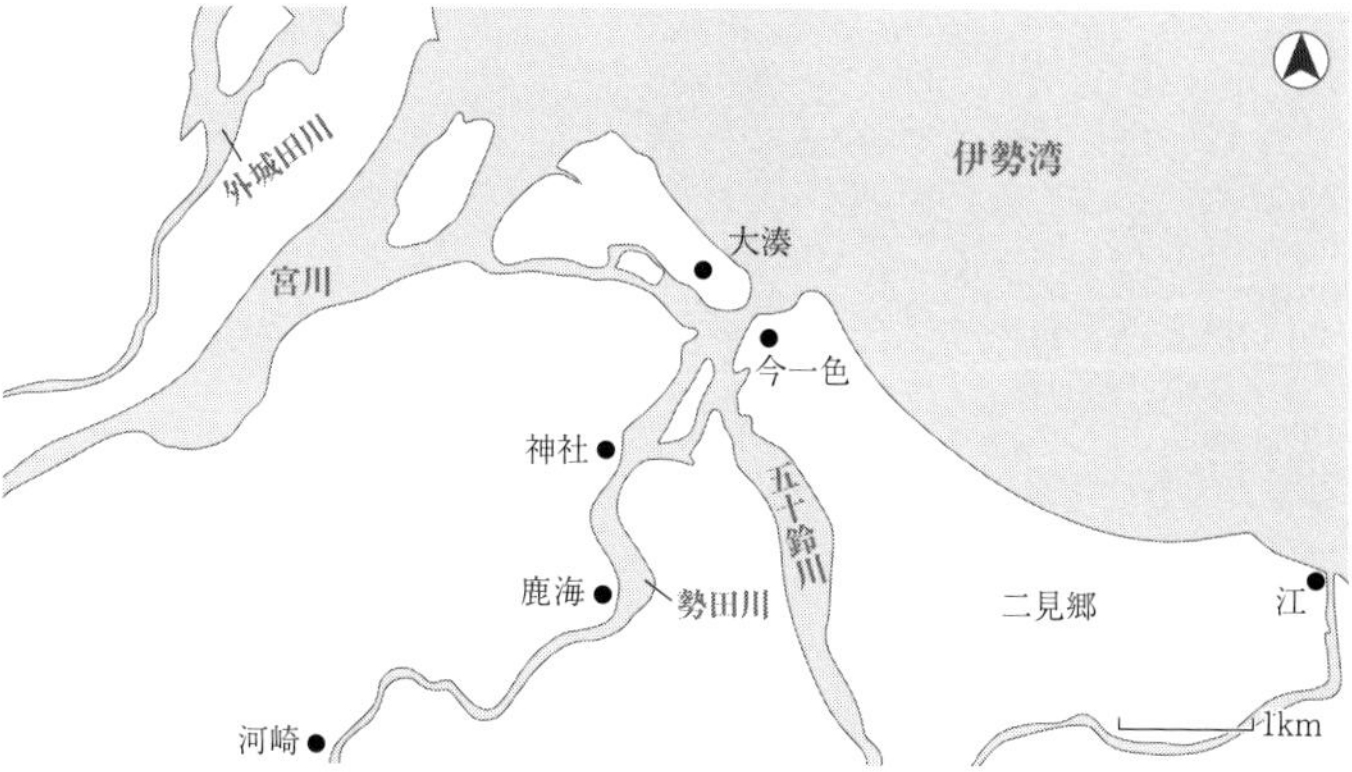

図６　大湊周辺の九鬼氏関連地

は大坂から取り寄せている（二六〇号）。

建造に必要な材木は、大内山（三重県大紀町大内山）に注文する予定だったが、値段が高いようで熊野や木曽なども含め安い所に注文するように指示している。また、台部分の材木は潮に強いため松で製作するが、松の値段が高く、安く早く調達できるのであれば檜で製作するように命じている（二六四号）。

船の櫓も、大内山より安く作れるところから調達し、今一色《いまいっしき》（伊勢市二見町今一色）まで届けるように命じており（二六四号）、最終的には「湊」に注文している（二六五号）。なお、この「湊」という地名は大湊周辺の場所であろうが、中世には大湊のことを「湊」と呼称されている史料も散見されることが指摘されており（宇佐美一九九七）、省略した呼称の可能性もある。仮に大湊であるとすると、大湊から部品を調達していることになり、三国丸の建造場所は大湊ではないということになる。

また屋形部分は、屋大工は他所から半分呼び、もう半分は鳥羽で作事を行うよう命じているほか、櫓《ろ》なども製作しており、船の各部を分割して製作している（一二六三号）。大工は湊や神社《かみやしろ》（伊勢市神社町）から雇うこともあったようである（一二七三号）。

三国丸には風呂も備わっており、「三国丸風呂之こしらへ仕り候哉」（一二六九号）とある。守隆は風呂の作事にかなりこだわりがあったようで細かく指示を出している。同史料によると、「前の広さ、柱の外側にて五尺、奥へ六尺（中略）高さは格好よきほどにさせ申すべき候、あまり高くは無用に候」「風呂の内狭くは候はん間」とあり、風呂の広さについて指示を出しており、翌日には「三国丸の風呂は前五尺、奥へ六尺ニ仕るべきと申す事に候」（一二七〇号）と決定している。三国丸は日本丸を凌ぐ規模の軍船であるだけでなく、船内には風呂や畑などもあったのである。こうして九鬼氏の造船技術を駆使して建造され完成した三国丸は、大坂の陣で活躍している。

この軍船「三国丸」の建造に関する守隆の書状からは、九鬼氏が屋大工や船大工などの職人を動員し、鳥羽や湊のほか、今一色、神社といった大湊周辺地域で作事を行っていたことがわかる。なお、「湊」が大湊のことか他の場所かは不明だが、大湊でないとしても、その周辺地域で建造されたとみられる。

中世の大湊について、伊藤裕偉氏は、これまで「神宮（内宮・外宮）の外港」と一括りにされてきた捉え方に疑問を呈されており、宮川河口部には神宮の重層的・多角的な船運構造が展開したことを指摘されている（伊藤二〇一六）。造船についても、「造船＝大湊（現在の伊勢市大湊町」という認識が先行しているが、九鬼氏の三国丸建造の史料からは、大湊だけでなく、二見郷や鳥羽でも作事が行われていたようである。したがって、伊勢志摩での戦国期の造船業も、大湊のみならず周辺の地域も含めて今後検討していく必要があろう。

また、九鬼氏は自身の船だけでなく発注者は不明だが、三〇〇石の「伊勢船」の発注も受けており（二七五号）、高い造船能力を有していたことで、他からも造船の建造を請け負っていたこともわかる。

守隆の後継をめぐる御家騒動が勃発

九鬼氏は大坂冬・夏の陣の戦功により五万六〇〇〇石に加増され、石高上は最盛期を迎えた。また、外様大名だったものの、船手という職能集団として重用され、江戸幕府の船手衆の一翼を担い、幕府による大船接収の担当を担った。さらに、江戸城などの手伝い普請の際にも船による材木や石材などの輸送にあたるなど諸役をこなし、順風満帆のはずであった。

しかし、寛永九年（一六三二）に守隆の後継をめぐって、家中を巻き込んだ御家騒動が勃発し、その後の九鬼氏の行く末を大きく転換させることになる。九鬼家の御家騒動の詳細は、福田千鶴氏の研究が詳しいので、それにならい概説する（福田一九九八）。なお、ここでも史料は主に『三重県史』資料編近世一に所収されている「九鬼文書」によるため、同史料を出典とする場合は史料番号のみを示

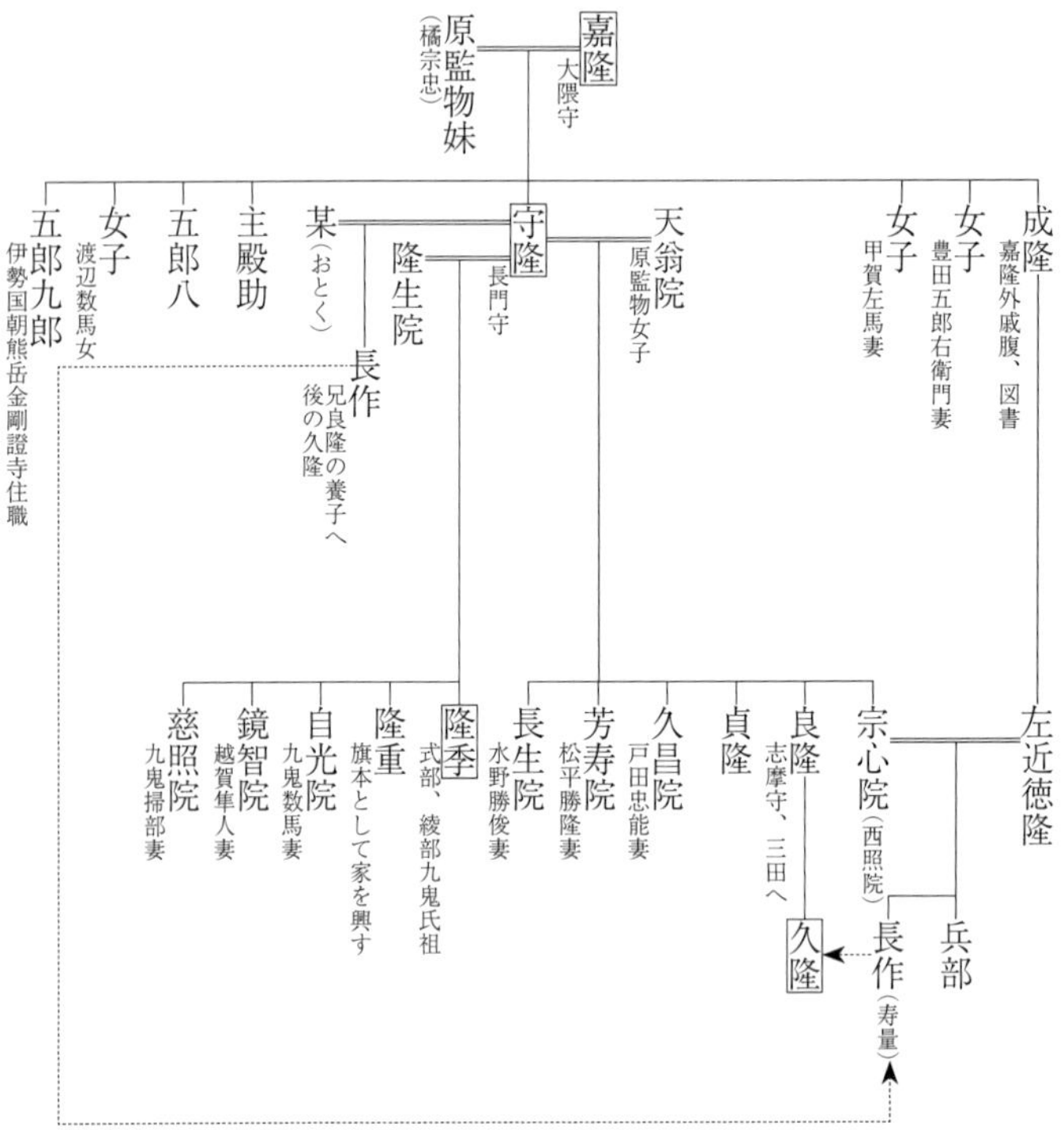

図７　九鬼家の御家騒動相関　『三田市史』通史編所載図を加筆

している。

　守隆の長男良隆は、慶長十年（一六〇五）に鳥羽で生まれた。母は守隆の正室である天翁院《てんおういん》なので嫡出長男、つまり世嗣として家督継承の最優先におかれていた。同十七年（一六一二）六月十七日には父守隆とともに八歳で駿府に赴いて家康に初目見えし、そのまま江戸に下って秀忠にも初目見えをした。こうして良隆は世嗣としての地位を公認され、元和六年（一六二〇）には従五位下志摩守に叙任される。

　ただし、良隆は病弱で、世嗣と

しての地位は表向きのことだったようで、守隆としては慶長十三年（一六〇八）に天翁院から生まれた嫡出次男の長助貞隆《さだたか》を実質的な家督継承者としてみなしていた。実は、家康に初目見えの際には良隆とともに貞隆も同道している（「言経卿記」）。時期は不明であるが、京極高広《きょうごくたかひろ》（丹後宮津）の娘との縁組も済ませており、その様子を伝えた書状では「お姫美しく利発」（三一三号）と喜び、九鬼家における最初の嫁取りを家中の者も喜んでいるに違いないと告げている。

このように順風にみえた貞隆であったが、寛永八年（一六三一）十一月二十六日に江戸で疱瘡《ほうそう》を患い二十四歳の若さで急死してしまう。ここに、家督をめぐる騒動が幕をあけることになる。翌寛永九年（一六三二）には、良隆が病弱により嫡子を辞して、末弟の久隆《ひさたか》（寿量《じゅりょう》）を養子として二年後の同十一年三月五日には摂津三田において三十歳で没した。良隆は未婚でもあり、本当に病弱だったらしい。一方、久隆は幼名を長作といい、二歳で守隆長女の宗心院《そうしんいん》の養子に、八歳で金剛証寺の弟子になり、寿良を名乗った。

貞隆が急死した後、守隆は庶出《しょしゅつ》三男となる隆季《たかすえ》に対して「其方（隆季）のほかに子はいないので、そのうちに将軍に目見えをさせるが、今は時期が悪いので帰国して準備するように」（三二五号）と伝えて帰国させた。

三男の隆季は、守隆の側室隆生院《りゅうしょういん》との間の子で、慶長十三年（一六〇八）に鳥羽で生まれており、

九鬼家の廟所　中央のもっとも大きな五輪塔が嘉隆の墓で、嘉隆の墓から右へ順に隆季・貞隆・浄隆・定隆・隆次の墓が並び、また嘉隆の墓から左へ順に守隆・守隆正室・嘉隆正室・澄隆・隆良・泰隆の墓が並ぶ　三重県鳥羽市・常安寺境内

貞隆と同じ年に生まれている。

しかし、宗心院とその息子である九鬼兵部が末子の寿量に家督を継がせようと画策する。江戸に参府した兵部が寿量を跡目とするように守隆を説得したため、守隆は江戸における親族会議でその旨を提案した。これに驚いた家臣の水《みず》野《の》忠清《ただきよ》が、隆季に急いで参府するよう知らせる書状を正月十二日に出しており（三二三号）、寛永九年（一六三二）正月上旬に親族会議がもたれたようである。なお、水野忠清は、守隆の四女長生院が水野勝俊《かつとし》に嫁いでおり勝俊の叔父にあたる。忠清は騒動の仲介役として中心的な役割を果たした人物である。同年正月二十日未明に隆季は鳥羽を出て江戸に参府し、次女久昌院の嫁ぎ先である戸《と》田《だ》忠能《ただよし》の屋敷に身を寄せた。これに怒った守隆が隆季を糾弾する書状が正月晦日に出されている（三一七号・三一八号）。

これと前後して、鳥羽では正月二十六日に寿量が下山して還俗し、二十八日に元服して久隆と名を改めたのち江戸に参府した。守隆は長男良隆を廃嫡し、久隆をその猶子として家督後継者に位置づけた。そして、守隆は末子の久隆が家督を継ぐ筋目であることを、次のように主張する（三一六号）。

第一に「子は親次第」であり、家督を誰に譲るかは親に決定権があること。

第二に、久隆は宗心院の養子であり、天翁院にとっては、養孫《やしないまご》になること。

第三に、久隆を良隆の猶子としたのであれば、惣領の良隆が家督を継ぐのと同じことになる。したがって、家中が贔屓に九鬼家を立ち退くのは「惣領の筋目」を守らないことになること。

武家社会では、嫡子が早世あるいは病気などにより家督を継げない場合には、嫡孫に祖父の家督を継がせる嫡孫承祖《ちゃくそんしょうそ》という相続の慣行がある。そのため、久隆を嫡子良隆の養子にして嫡孫に位置づけたことで、守隆は嫡孫承祖という武家相続上の慣習法を盾に久隆が惣領としての筋目にあると主張しているのである。

しかし、親族や重臣の意見は守隆と異なった。水野忠清が隆季に宛てた正月十二日付けの書状（三二三号）では、「長門守は、御内儀朝様・長助殿に死に別れたためか、昔のような気の持ちようではない。御親父様のことながら「御気違」ではないのか。いずれも御息女達（宗心院・兵部）の意見で幼少の寿量坊殿とやらんに跡を譲るとのことである」と、守隆を狂人扱いするほど驚いている。親族会議ではとりあえず、隆季を江戸に呼び将軍にお目見えさせておき、隆季は少しも父への不満を色に出さず、親孝行の振りをしておけば、世間はとかく「利様次第」、つまり利（理）のある方に決着するので、必ず「公儀《こうぎ》」より相応の宛行があるだろうということに決した。そこで、この趣旨を受けた九鬼数馬《かずま》を帰国させた。福田氏によると、親族がこのような考えに至ったのは、丹波の谷家で起こった御家騒動で、幕府が家督の決定は親次第であり、末子相続を主張する先代当主の遺言を覆す決定をした先例によるものとする。

こうして、隆季は早々に江戸に参府し、正月二十九日の夕方に吉良義弥《きらよしみつ》・戸田忠能・松平勝隆《まつだいらかつたか》が守隆邸を訪ね、隆季の江戸参府を守隆に報告する。これに守隆は驚き、「隆季が我儘に江戸に下ったのは何か隆季に存分（反対意見）があるからに違いなく、今後は隆季と不仲となること」と宣言するともに、親族集団の「申合せ」違反を糾弾した。さらに家中には隆季との交流を絶つことを命じ、仲介にたった吉良以下三人および水野忠清・松平勝政《かつまさ》・本多信勝《ほんだのぶかつ》・小浜光隆にもその心得えをするようにと書状を送っている。

しかし、二月二十八日付け守隆書状（三一六号）によれば、山室仁右衛門《やまむろにえもん》・智積寺正太夫《ちしゃくじしょうだゆう》らが書置きをして九鬼家中を出奔した。三月には家老や家臣を束ねる九鬼数馬・九鬼豊後・越賀隼人・安楽嶋越中といった重臣が大挙するという事態になった。こうした家中の動きに対して、守隆は「自分から数年、知行や扶持をもらった者が当座の知音・親類・寄親との関係（たのもしずく）で隆季と一緒に退去するのは、侍の盗賊であり、謀反同然」であると糾弾する。つまり、現在の主君は守隆であり、守隆から与えられた知行や扶持に対して守隆に奉公するべきものたちが、守隆に奉公せず隆季に従うとすれば、守隆から与えられた知行・扶持を盗むことと同じことであり、さらに主君の命令に逆らうとすれば、それは謀反ではないかということになる。主君守隆からみればそのようになる。

さらに、守隆は重臣の懐柔をはかる。隆季と同母子の鏡智院の夫である越賀隼人に対して、隼人は「妾腹」であったのを父隼人が重々願うので親の跡目を継がせたのであり、「惣領の筋目」をいえば越賀権之丞が惣領になるべきなのを、これも「親次第」に命じたと伝え、その観点からすれば、隼人は守隆に「洪恩」があり、恩の深い方へ恩を報いるのがほんとうの「侍のたのもしずく」であると説得する。つまり、主従関係は、当座の「たのもしずく」より重いものなのだと主張する。

しかし、親族たちは隆季支持の意向を変えることはなかった。水野忠清が戸田忠能に宛てた書状（三二四号）では、五月四日にも守隆の説得が試みられた。忠清の考えは、隆季と久隆の両方ともに将軍への目見えをさせるが、跡式を継ぐ惣領は隆季とし、知行所は将軍の意向にまかせて、惣領・庶子分の知行所を定めてもらい、後に出入りがあってもいけないので守隆から隆季に一札を入れるというものであった。しかし、これは守隆の合意が得られなかったため、忠清は守隆の考えは半分・半分かとしながらも、双方よいようにすれば決しがたい、このままでは守隆の身上も隆季の身上も潰れるのではないかと心配している。

三月二十一日になると、それ以前に九鬼豊後、同数馬が九鬼家を退去したことに連動して、多くの寄子が「走り」（主君の許可を得ずに出奔すること）を行うことになった。そのことを書状で守隆に告げた九鬼勘左衛門《かんざえもん》宛の守隆文書（三一九号）では、勘左衛門は数馬の寄子であったが九鬼家に留まったことは「家のため」「我々のため」であり、「祖父図書よりの節目を忘れず満足」と伝えている。多くの寄子が寄親との関係から九鬼家を退去するなかで、守隆を支持する家臣もいたことがわかる。九鬼家中は、守隆・久隆支持か隆季支持かをめぐって、まさに二分していたのである。

幕府の判断

寛永九年（一六三二）は、江戸時代の政治史的において一つの画期の年であるとされる。同年正月二十四日に二代将軍秀忠《ひでただ》が没するからである。その後、三代将軍となった家光は「御代替わりの御法度」として、五月に肥前熊本《ひぜんくまもと》の加藤氏を改易する。原因は「謀叛」が疑われている。そのほかにも筑前で黒田氏の騒動や蒲生騒動など、寛永九年（一六三二）から翌年にかけては、将軍家の代替わりとともに各地で御家騒動が頻発しており、政治的にたいへん動揺した時期であった。

九鬼家でも、時を同じくして家督をめぐる騒動が起きた。寛永九年正月二十日に出府した隆季は、三月十三日に幕府年寄に父の非法を訴え出て、さらに八月三日付けで幕府年寄に書付を提出した（三二五号）。その内容は、「次兄の死後、父守隆は隆季に対してそのうち目見えさせると約束し、先述のように去年十二月に家老・組頭も隆季が惣領であるとする起請文を提出した。その請人として江戸に下った九鬼兵部が母と談合して、筋目違いの寿量を惣領に取り立てるべきと訴訟したが、最初、守隆は同心しなかったのに、娘の宗心院の説得で改心した。これは、兵部が家中にて我儘にふるまうためだ」とこれまでの経緯を報告している。

さらに、隆季自身が正当な跡継ぎであることの理由として、第一に寿量（久隆）の母は「拙者つかい候ものの腹」、つまり寿量の母は隆季の奥女中であるという出自の差、第二に将軍に御礼をあげる寺領百石の寺をすでに継いでいる、第三に水野忠清・松平勝政・本多信勝・戸田忠能・松平勝隆・水野勝俊といった親族集団が隆季を「惣領をつぎ申すべき筋目」として支持しているという三点である。

また、三月に幕府年寄に書付を提出したあと、家老・組頭六十五人が九鬼家を立ち退くという事態が発生し、水野忠清が守隆に異見したところ、隆季に家督を継がせることで守隆は同心したが、日光から帰参するとまた改心したと告げている。

しかし、こうした隆季の訴えにも関わらず、八月二十三日に守隆は隆季に一万石の分知を決定し、二十七日には将軍家光への御目見えを実現している。その位置づけは、惣領を久隆とし、隆季は次男

九鬼守隆の墓　兵庫県三田市・心月院境内

とするものであった。（「江戸幕府日記」）。こののち守隆は、吉良義弥・松平重則・水野忠清・松平勝隆・小浜久太郎・本多信勝の肝煎りで、年寄の内証をもって決着したので、立退いた家中のうち十三人を召し返すので、以後は「意趣遺恨」に思わない旨を了承し（三三二六号）、八月二十九日付けで隆季宛に「分与高目録」を発給している（三三二七号）。

　こうして一件落着したようにみえた騒動であったが、守隆が寛永九年九月十五日に六十歳で没した。これを機に、十月二十六日付で家老組頭（九鬼豊後・九鬼数馬・安楽嶋越中、九鬼内蔵助）が幕府奉行所に五か条の訴状を提出したことから、再び騒動に火が付いてしまう。家老組頭の主張は次のようなものである（三三二九号）。

　第一に、隆季は「筋目」「年頃」が良く、公儀船手役の奉公を問題なく務めることができるから、惣領を隆季とすることを誓約した起請文を守隆に提出した。第二に九鬼家の家は他の家とは違い、船手の軍役を勤める家であり、勝手をよく知る家老・組頭が指図をしなければ、役が務まらない。第三には九鬼兵部の母が寿量を二歳より養子にし、兵部親子の分別をもって「我儘」をすることは許され

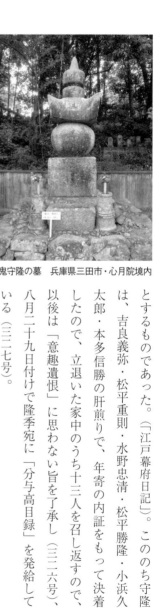

ないと糾弾している。これを言い換えれば、九鬼家は主君一人で成り立っているわけではなく、船手をよく知る家中がいてこそ成り立っているのだから、九鬼家中が次期第一人者として抱くべき惣領は主君が「親次第」で決められるものではなく、家中の総意を得る必要がある、という強い主張である。さらにいえば、幼少から寺で修業をしていた寿量が船に乗れるはずはなく、船にも乗れない無器量の主君に家中が従うことはできないという船手技術を誇る技術者集団としての自負をみることができる。主君である守隆から恩を知らないとか、主君に逆らう謀叛だと非難されても、水軍の兵たちにとって坊主上がりの久隆の指揮下に入ることは、彼らのプライドが許さず、絶対に妥協することのできない点であったことがわかる。

そして、江戸幕府は裁定を下す。寛永十年（一六三三）三月五日条の「江戸幕府日記」には、次のように記事が載せられている。「九鬼長門守遺領五万六千石の事、三万六千石大和守、二万石式部に下し置かると云々、本知として志摩国勢州の内を今度摂州丹波両国の内において得替すと云々」とある。

守隆の遺領五万六〇〇〇石のうち、三万六〇〇〇石を五男大和守久隆に、二万石が三男式部《しきぶ》隆季に分知され、久隆は摂津へ、隆季は丹波へ所替えとなった。この時代、親の領地が何人かの子どもに分与されることは珍しいことではなく、処罰的な意味合いはないと考えられる。

図８　鳥羽からの転封先　『三田市史』通史編掲載図をもとに作成

御家騒動からは、九鬼家中が九鬼水軍という特殊な技術集団としての強い自負をもち、家中の協力なしには水軍は維持できないという主従関係のもとに家臣団が構成されており、九鬼家中たちもその点は「他家とは違う」と認識していたことがわかる。

なお、この騒動には女性が深く関わっており、守隆の嫡女の宗心院の意向が重要な鍵を握っている。守隆の正室の天翁院の嫡女の系列は、長女の宗心院以外はいずれも大名・旗本に嫁ぎ、側室隆生院との間に生まれた女子三人は、いずれも九鬼家の家臣に嫁いでいる。守隆の正室天翁院の嫡女の系列が大名家の一門親族集団を構成し、側室隆生院の系列が家臣団の中核的集団を構成し、両者が隆季支持派となって、嫡女の内で唯一大身家臣に嫁いだ宗心院ら久隆派と対立していた。このように、九鬼家の御家騒動は、主君守隆と重臣との対立だけでなく、家中間の主導権争いの側面もあったようだ（福田一九九八、『三田市史』二〇一一）。

戦国大名は自立性の強い有力武将を多く抱えており、彼らは自負心も強かった。したがって主君は強い家臣たちに対し、何事も家臣の同意が必要であったようで、そのことは騒動の初期に守隆が家臣たちに跡目についての起請文を求めたことからもわかるのである。

福田氏は、九鬼氏の御家騒動について、家臣の自立性を奪って権力を主君である九鬼氏に集中させて、統一的に支配する支配する体制づくりを進めようとした守隆と、それを阻止した家臣達との対立であったとし、九鬼氏が戦国大名から近世大名へと変わるためには、家臣の自立性を奪って主君をトップとしたピラミッド型の主従関係を強化する必要があったと指摘されている（福田一九九八）。

こうした転換の動きは九鬼氏に限らず十七世紀初頭の大名の課題であり、江戸幕府は、幕藩体制が確立されていく過程で、九鬼家中の自立性を解体し、「主君の命令は絶対である」という主君を絶対とする主従意識のもとで、家臣団を構築させる必要があったため、それを後押しした。それは九鬼水軍を海から引き離して山間部に転封させ、主君を二分することで、それぞれが支持する主君のもとで種々関係を結び直そうというものであった（福田一九九八）。

さらに、幕府は同時に、小浜氏・小笠原氏・向井氏ら三人を船奉行に任命し、直轄水軍を整備して、九鬼水軍に頼らない体制を整えており、九鬼氏の手を借りずとも幕府の手で海の支配ができるよう差配していた。九鬼氏が鳥羽を去った後、伊勢には山田奉行が置かれ、「水主同心《かこどうしん》」という水軍が置かれている。戦乱が終り、幕藩体制が確立していく中で、九鬼水軍はその役目を終えることになったのである。

第八章　九鬼氏の居城鳥羽城

九鬼水軍の居城・鳥羽城跡

ここでは、九鬼氏の居城として築かれた鳥羽城について触れておきたい。

永享七〜十一年（一四三五〜三九）頃に泊氏を名乗る元隆と景隆との間で家督相続争いが起こった際の記録（『醍醐寺文書』）には、「泊浦小里の城」、「大里《おおさと》の城」、小里の「小嶋《おじま》」とあり、泊浦（鳥羽）の各所に城郭が構えられていた。「小嶋（相島）」は現在のミキモト真珠島（鳥羽市鳥羽）にあたり、「泊浦小里の城」が日和山《ひよりやま》で、「大里の城」がのちの鳥羽城に相当するとされており（伊藤二〇二〇）、泊氏の拠点として「大里の城」といった記述が確認できることから、元は砦が存在していたのだろう。鳥羽城本丸跡の発掘調査でも十四世紀末から十五世紀初頭の土師器皿などが出土しており、その時期にはすでに城館として使用されていたらしい（鳥羽市二〇一七）。

その後、十六世紀後半になると、嘉隆が織田信長・豊臣秀吉のもとで水軍を率いて数々の戦功をあげ、その功績によって伊勢・志摩両国の内三万五〇〇〇石を賜った。その後、水軍運用を重視して、伊勢と志摩の国境となる妙慶川《みょうけいがわ》河口の南岸に突き出た小山に城を築いた。築城年代は不明だが、文禄三

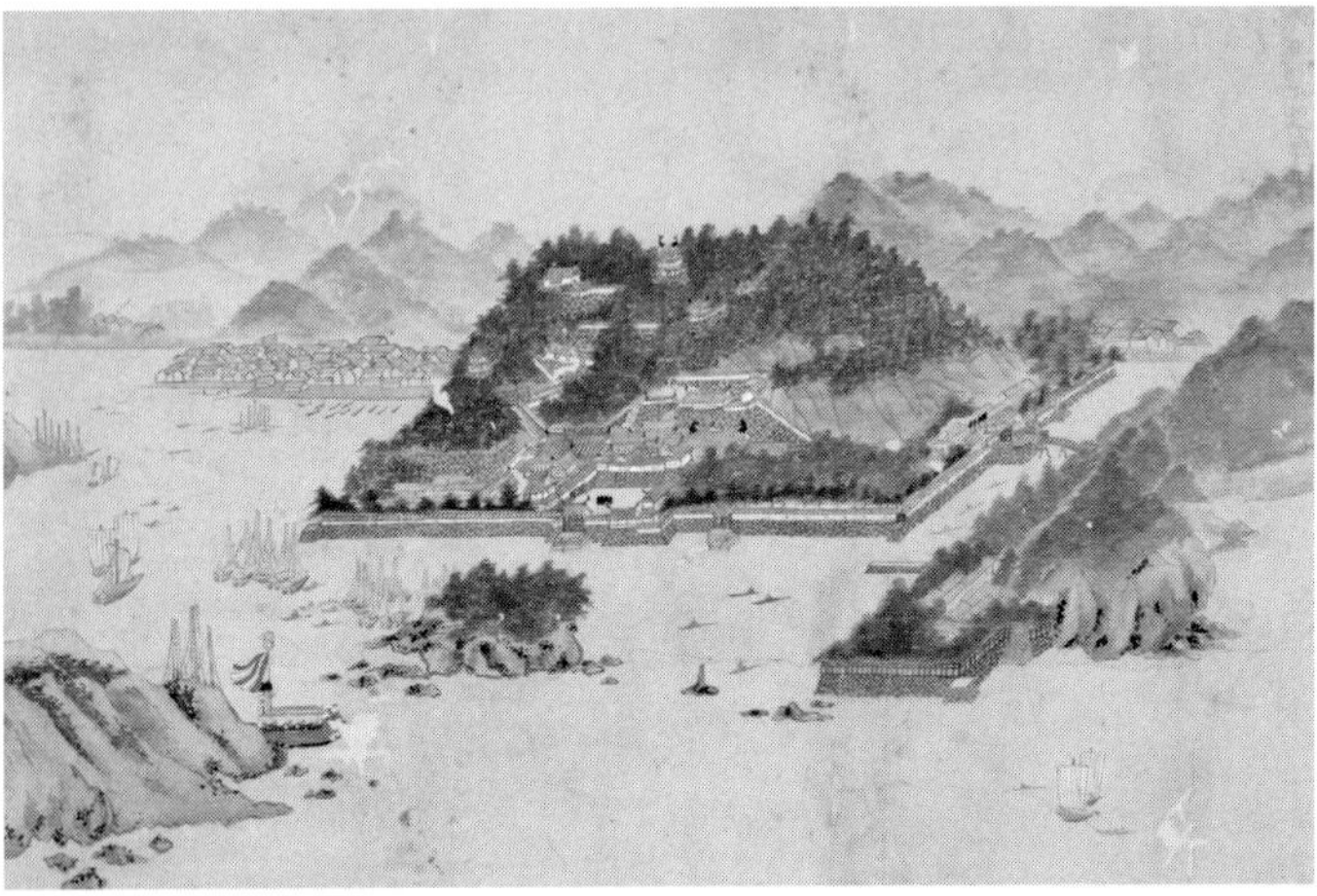

鳥羽城之絵図（志陽鳥羽勝景一覧　錦浦繋船）　鳥羽藩最後の藩主稲垣氏の時代に描かれた絵図である　鳥羽市立図書館蔵

年（一五九四）には竣工したとされる。

九鬼氏が御家騒動により国替えとなった後、寛永十年（一六三三）に譜代である内藤忠重《ないとうただしげ》が城主となり、二の丸を設けるなどして鳥羽城は完成したとされている。その後、内藤氏が改易となると、幕府直轄地を経て、土井・松平・板倉・戸田（松平）と城主の交代が数年ごとにあいつぐが、享保十年（一七二五）に稲垣氏の入封により安定し、幕末まで続くことになった。内藤氏以降は譜代大名が歴代の城主を勤めた。

明治二年（一八六九）の版籍奉還《はんせきほうかん》により、城地は官有地となり、同四年（一八七一）には天守をはじめ城郭の建物・城門・櫓などの建物は取り壊された。また、同九年（一八七六）には、内陸の蓮池を埋め立てて錦町《にしきまち》がつくられた。海側も造船所が造られたため、城の遺構は取り壊された。昭和に入ると、本丸南には旧鳥羽小学校、家老屋敷南にも鳥羽市役所が建設された。昭和四十年（一九六五）に本丸跡と家老屋敷跡の二箇所が三重県の史跡に指定されている。

本丸跡は平成二十年（二〇〇八）まで、城内にあった鳥羽小学校の運動場として利用されていたため、平坦な広場となっているが、本丸の周囲には野面《のづら》積みの石垣が残存し、当時の姿を留めている。本丸以外では、市役所西庁舎の裏の家老屋敷跡周辺に石垣が残っている。近代の開発等により城の海側の部分は失われ、堀も大半が埋め立てられており、かろうじて相橋周辺に堀の面影が残るのみである。鳥羽城の場合、城跡をもっとも感じられるのは石垣だが、石材の大多数が橄欖《かんらん》岩と千枚岩が使用されている。これらの石材は鳥羽周辺の海岸部で採取できるもので、石切り場は確認されていないが、地元で採取できる石を使用している。

鳥羽城の絵図と縄張り

九鬼氏の時代の鳥羽城の姿は、九鬼氏の時代に描かれた絵図が確認されていないため不明である。現在、鳥羽城の絵図は、松江歴史館蔵の「極秘諸国城図」内に描かれる「鳥羽城図」が確認されている絵図のなかで最も古いものである（豊田二〇一九）。この絵図は、九鬼氏の後に城主となった内藤氏の二代目の忠政が城主の時代の万治二年（一六五九）～寛文十三年（一六七三）の時期のものと考

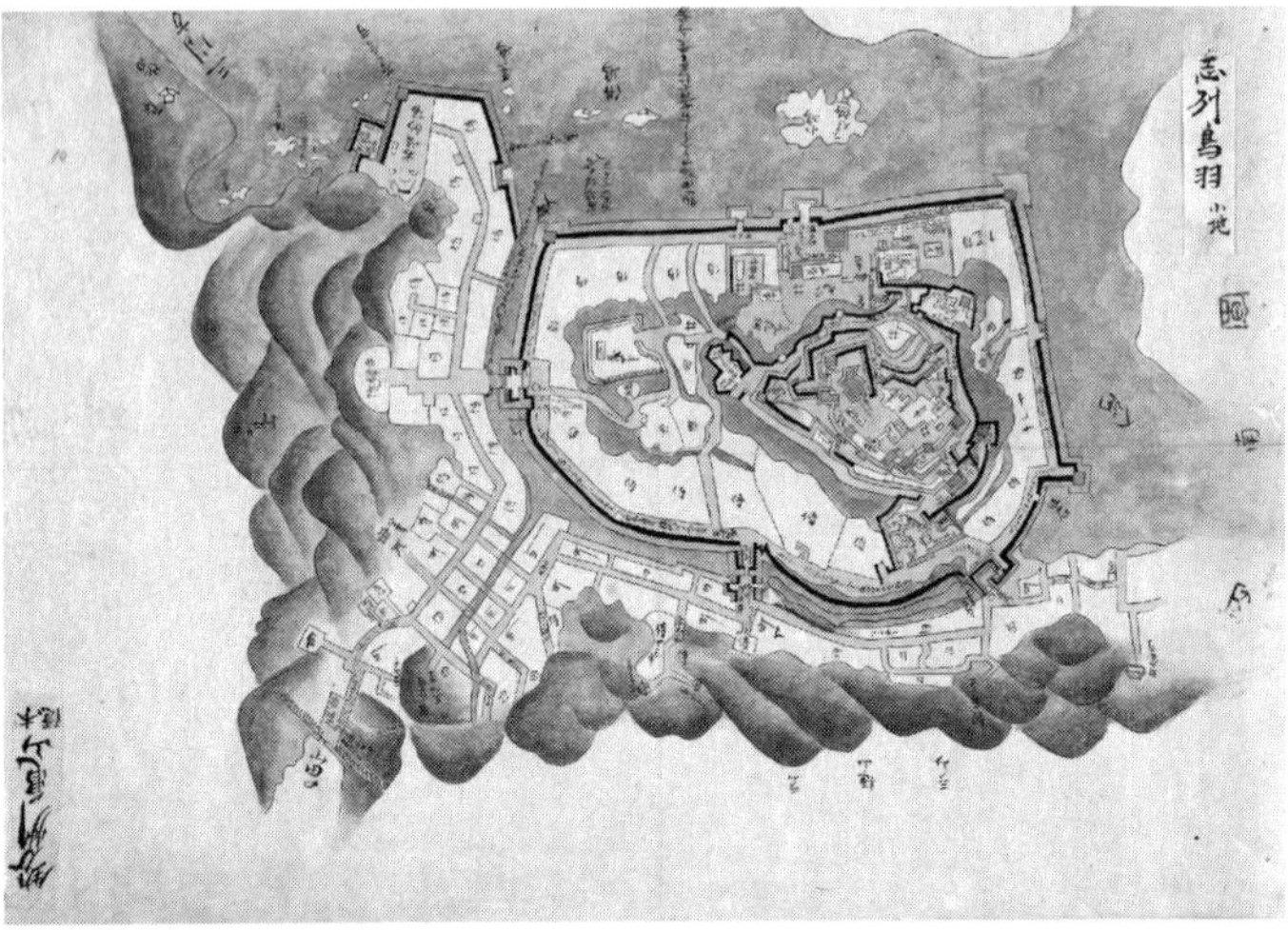

極秘諸国城図（志州鳥羽）　松江歴史館蔵

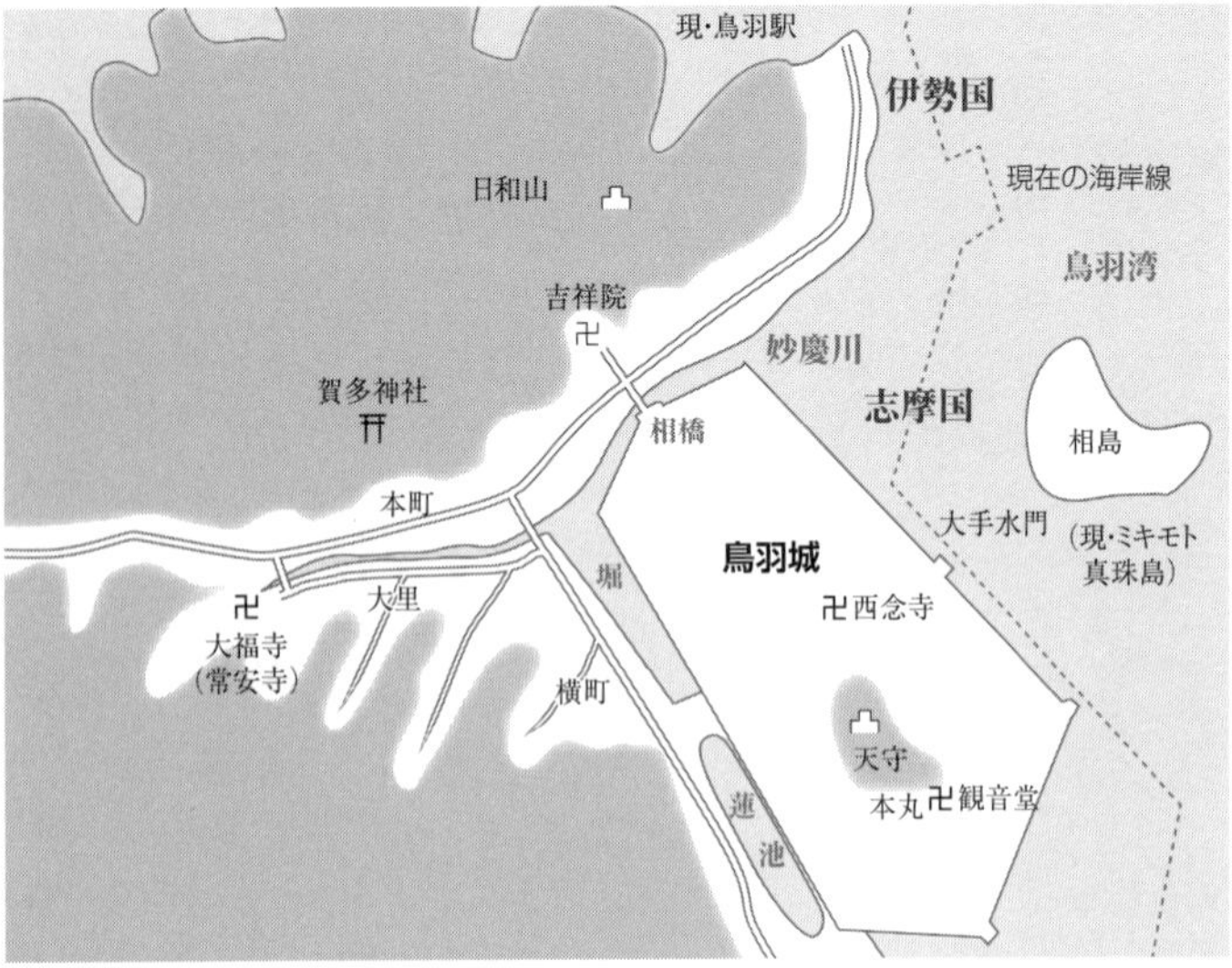

図９　九鬼氏が城主時の鳥羽城の景観復元図

えられる。

鳥羽城の縄張りは、地籍図や絵図から復元できる。立地は、北に妙慶川、東・南東が海で、唯一地続きとなる西には蓮池《はすいけ》を掘削するなど、周囲を海や池などに囲まれた海城である。

大手門は「大手水門」として海に面して配されており、全国的にも珍しい。大手水門からは二の丸、三の丸を経由して本丸に至る。

城下町は、城の西側及び北側の日和山の山麓に位置する。侍屋敷は城内の曲輪をはじめとして、城の北側の岩崎（現鳥羽一丁目）、南西部の奥谷（鳥羽四丁目）などにあり、町人は城の西部の大里・本町（鳥羽二丁目）や横町（鳥羽三丁目）など鳥羽街道沿いに造られた。

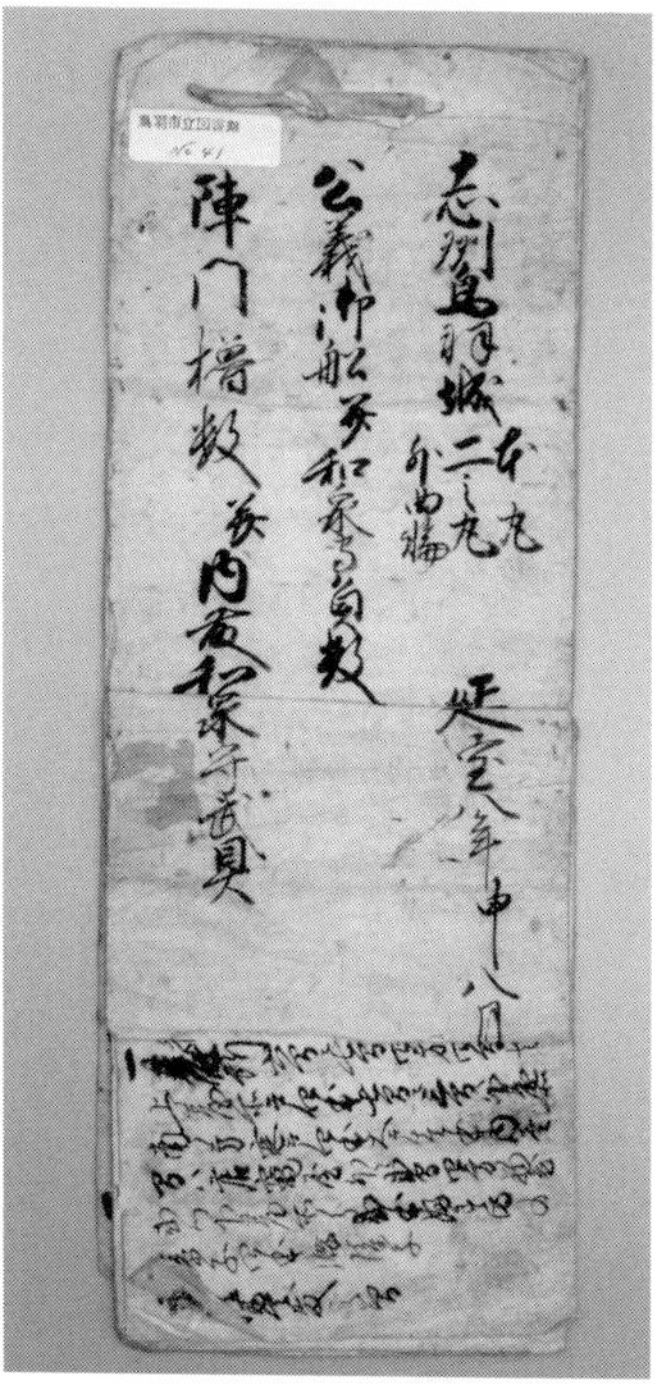

鳥羽城跡目録　鳥羽市立図書館蔵

絵図や記録によれば、城内には本丸の北西寄りに三層の天守があり、南側に本丸御殿があった。櫓は十二あり、大手水門のほか、門は三あった。

鳥羽城の建物についての記録は、

延宝八年（一六八〇）中八月に内藤氏から、のちに城主となった土井氏に引き継ぐ際の引渡目録である「志州鳥羽城本丸二之丸外曲輪　公儀御船秉并和泉守員数　陣門櫓数并内藤和泉守武具」（鳥羽市立図書館蔵）がある。ここに、城内の建物の内容が細かく記録されていることから、城内の様子がうかがえる。

この史料から、三浦正幸氏が鳥羽城の天守や本丸御殿の構造を明らかにしている（三浦二〇一五）。なお、史料の括弧は読者の理解のために付加したものである。

一　天守　三重
内壱重、五間に六間、戸拾弐本、さま（狭間）の土戸五本。同東北の方に弐間弐尺四方の出矢倉。但し三方大さま（大狭間＝石火矢の狭間）有。
一　同二重目、五間に六間、戸拾本、さまの土戸六本。
一　同三重目、三間半に三間壱尺、くし方（櫛形＝花頭窓）五つ、土戸五本、四方に三尺の武者走り有。
何れも上り口はし（階）有。

天守の一階は、五間×六間で、東北の方向に出櫓が付属するという特殊な構造であった。また、三方に「大さま」があるという。「大さま」とは石火矢のことで、嘉隆が第二次木津川口の戦いで駆使した大船に搭載していた大砲と相通じるもので、鳥羽城の天守にも三方向に石火矢が配備されていた。

二階も五間×六間で、一階と同規模である。三階は三間半×三間壱尺で、「くし方」とは花頭窓《かとうまど》のことで、格式のある建物にある窓である。

三浦氏によれば、鳥羽城の天守は「望楼型《ぼうろうがた》」の天守の一つとされている（三浦二〇二二）。「望楼型《ぼうろうがた》」とは、一重あるいは二重の入母屋造の建物を基部として、その屋根上に望楼（物見）を載せるタイプの天守で、入母屋造の基部を持たず、三重の塔や五重の塔のように各重の屋根を四方に葺き下ろす「層塔型」より先行する旧形式であるとされる。慶長十六年に建てられた松江城の天守が望楼型天守の最後とされることから、鳥羽城の天守も九鬼氏の時代に建てられていたのだろう。

また、天守は特殊な構造であったようだ。次に挙げるのは天守に付随する建物に関する記述である。

銭土蔵

一　天守下の蔵、三間に四間。同下の間に九尺に六尺の納戸、弐方に押込棚有、戸拾三本、窓の土戸三本。二階三方に押込棚有、戸拾六本、窓の土戸弐本、はし有。上下共預かき（鍵）不足、戸前土戸・す戸（簀戸）預かき有、穴蔵に戸前、預なし。

出櫓の下には、銭土蔵《ぜにどぞう》というのが付いている。銭土蔵は天守の下に付いていた蔵のことで、普通の城の場合は天守に接続している櫓を付櫓というが、鳥羽城の場合は出櫓《でやぐら》と書いている。銭土蔵は、四間×三間で、天守に斜めに付くという特異な構造をしている。

一　書院　八間半、七間半、但し縁通共。八畳鋪上段、但九尺の床、六尺の書院床（付書院）有。内四本腰障子、弐本明り障子、四本ふすま障子、引手有。弐本納戸かまへ（帳台構）のふすま障子有、違棚の上袋棚有、ふすま戸二枚、引手有。

本丸御殿には、上段の間があり、「弐本納戸かまへ（帳台構）のふすま障子有、違棚の上袋棚有、ふすま戸二枚、引手有」とあり、納戸構《なんどがま》えがあって、違棚《ちがいだな》が付いている。上段の間に床・棚・付書院・帳台構《ちょうだい》えの四点が揃っている。帳台構えとは、二条城や名古屋城などの大大名の居城にしか見られないもので、譜代大名の三～五万石クラスの大名で年代が下がった城であれば、帳台構えだけは造らないという。

以上、引き渡し目録の内容から、鳥羽城の天守は望楼型の天守であり、慶長期以前に九鬼氏によって建てられたとみてよい。また、九鬼氏は石高こそ少なかったものの、天守や本丸御殿の意匠の内容からは、格式の高い城だったと想定できる。

発掘調査による成果

鳥羽城跡は、これまで発掘調査は行われていなかったが、平成二十三年（二〇一一）度から二十五年（二〇一三）度にかけて、史跡整備のための発掘調査が本丸跡で初めて行われ、ようやく調査のメスが入ることになった。

まず、天守跡は、近代以降の削平により残念ながらまったく残っていなかった。石垣のもっとも下の土台部分にあたる根石と呼ばれる石垣さえも確認できなかったことから、天守台は現在よりも高い場所に設置されていたと考えられ、廃城以降の近代の造成により削平されたようである。

天守台跡は残っていなかったものの、周辺からは埋没した石垣や雨落ち溝が確認されている。石垣と雨落ち溝は新旧の異なる時期のものが出土している。下層のものは本丸北西隅に残る結晶《けっしょう》片岩《へんがん》と橄欖岩《かんらんがん》で構成される、文禄期頃とみられる野面積みの石垣と同様の石材なので、出土土器片からも十六世紀後半の九鬼氏の時代の石垣といえる。

そのほかにも本丸御殿の一部とみられる石列、土蔵跡にとも

九鬼氏の時代の軒丸瓦　鳥羽市教育委員会蔵

鳥羽城跡出土瓦内面のコビキＡ

鳥羽城跡の本丸石垣　三重県鳥羽市

鳥羽城跡の鎬角石垣　三重県鳥羽市

なう瓦敷の溝が確認されている。出土遺物は瓦が大半を占めるが、九鬼氏の時代の遺物としては、軒丸瓦と軒平瓦が出土している。軒丸瓦は左三巴で、珠文の数が多く、内面には「コビキA」と呼ばれる手法が確認できる。「コビキ」というのは、瓦を製作するときに大きな粘土板から切っていくときにできる痕跡のことで、糸で引くか鉄線で引くか痕跡が異なる。「コビキA」は糸引きのことを指し、糸が残って斜めに引っ張るため、斜めの痕跡が残る。一方、「コビキB」は鉄線で一気に引っ張るので、まっすぐ瓦に並行して鉄線の痕跡が付く。コビキAが古くてBが新しい技法とされる。コビキBは近畿地方で、天正十一年以降に出現して、全国に普及している（山崎二〇〇八）。

九鬼氏の時代の瓦とみられる左三巴の軒丸瓦には、「コビキA」が確認できることから、古いタイプの瓦で、嘉隆の時代には瓦が使われていたことが判明している。また、土器は十六世紀後半の天目茶碗や土師器などが出土している。そのほか、息子の九鬼守隆の家紋である七曜文の鬼瓦片も出土している。

また、鳥羽城跡の本丸周辺には石垣が残っており、角石の長辺を交互に積み、算木《さんぎ》を意識しているが、明確な角脇石を使用しておらず、算木の技術が完成していく途中の段階を残している。また、本丸北東部隅には、算木積み技法のなかでも、短面が内側に入り込「痩《や》せ角《すみ》」と呼ばれる古い技法が確認でき、慶長よりも古い文禄年間（一五九二～六）にみられる特徴である。嘉隆も朝鮮出兵の際に倭城の築城に関わっているようなので、鳥羽城の石垣にも倭城の築城技術が応用されたのかもしれない。

また、古い城郭の特徴として、山を削って作った石垣の特徴でもある鈍角の鎬隅《しのぎすみ》と呼ばれる石垣が南西部に良好に残っているなど、九鬼氏の時代に築城された痕跡を今にも残している。

これまで、鳥羽城は九鬼氏の後に城主となった内藤氏が二の丸を造営したという記述（『志陽畧誌』）から、内藤氏によって整備されたとされていた。しかし、近年の発掘調査の成果や石垣の積み方、史料の検討から、九鬼氏が築城した段階で城郭の大方は完成されていたようである。鳥羽城跡は周囲を海に囲まれた海城であるだけなく、海に面した大手水門のほか、天守には石火矢を備え、城下には船蔵も設置されるなど、まさしく九鬼水軍の居城にふさわしい城だったのである。

第九章　捕鯨と海賊衆

鯨漁と操船技術をめぐって

伊勢志摩の海賊衆については、武田氏の水軍として活躍した小浜氏や向井氏に代表されるように、戦国大名に招かれ水軍に編成されたことから、その過程や海賊商人としての側面などをテーマに研究がなされてきた。一方で、彼らが大名に取り立てられた要因はそれだけではなく、熊野や伊勢湾地域は鯨漁《くじらりょう》の発祥の地とされ、鯨漁を中心とした集団漁法に起因した優れた船の操縦術を有していたからだということが、民俗学的な見地から指摘されている（田上一九九二）。田上繁氏は、熊野灘捕鯨《ほげい》と熊野海賊の関係について、次のような指摘を行っている。第一に、近世に鯨漁に関わった者たちの出自は、中世の海の領主や海賊だったケースが多いという点。第二に、近世の鯨漁は多くの船を動員する極めて組織的な手法であり、そのような手法は、海賊の戦闘形態が応用されたものであるという点。第三に、海賊の城館や出城は岬や海に突き出した高台に築かれていることが多く、鯨漁の山見番所として利用されたという点である。

以上の指摘は、伊勢志摩や熊野地域の海賊衆が優れた操船技術を有した要因を考えるうえで極めて重要な指摘である。しかし、史料の制約ゆえ、文献史料の見地からは海賊衆・水軍と鯨漁などの集団漁法との関連が取り上げられることはほとんどなかった。

たしかに、現状では海賊衆と鯨漁との直接的な関連を示す史料は確認されていない。しかし、戦国時代に大名をはじめとする権力者達が鯨漁や集団漁法に大きな関心を払っていたことは間違いなく、断片的ではあるが、関係する史料が確認されている。ここでは捕鯨の起源に触れたうえで、鯨漁などの集団漁法と海賊衆との関連を検討し、九鬼氏と鯨との関連性も触れてみたい。

古式捕鯨のはじまりと海賊衆

鯨漁の始まりは熊野地方である。慶長十一年（一六〇六）に紀州熊野太地《たいじ》浦の豪族和田頼元《よりもと》が、和泉国堺の浪人伊右衛門と尾張知多郡師崎《もろざき》の漁師と図って研究し、画期的な突き取り法による捕鯨を成功させた。これが古式捕鯨の発祥とされる。突き取りとは、船で銛を持って追いかけて、何本も銛を打ち込んで弱らせて取るという漁法である。そして、中世の熊野では、海賊として活動していた太地氏が太地を、小山氏・高瓦《たかがわら》氏が古座を支配していたことが指摘されている（田上一九九二）。

一方、伊勢湾周辺は捕鯨史上重要な地域であり、元亀から慶長の頃、三河から志摩にかけての伊勢湾口で始まったといわれている。太地より早く突き取り捕鯨が始まっていたと考えられ（山下二〇〇四など多数)、さまざまな史料からそれがわかる。

寛正六年(一四六五)二月二十五日には「伊勢国より鯨荒巻廿」(『親元日記』)とあるほか、天正五年(一五七七)正月十六日に織田信長が尾張常滑城《とこなめ》(愛知県常滑市)の城主であった水野直盛《みずのなおもり》に送った書状によると、水野氏から信長に鯨が送られていることがわかる(「水野文書」)。また、『お湯殿の上の日記』にも、鯨献上についての記載が多くみられる。永禄十二年(一五六二)二月二日には、信長も宮中に鯨を献上しており、永禄十二年から天正十年(一五八二)までに何度も献上している(「お湯殿」)。さらに、天正七年(一五七九)正月十二日の織田信長黒印状には「追って此の鯨は、九日知多郡に於いて取り候由候いて到来候」(「細川家文書」)とあり、信長が細川藤孝に知多郡(愛知県)で取れた鯨を裾分けしており、伊勢湾の知多郡で捕鯨が行われていることがわかる。これらの書状から信長が宮中に献上していた鯨は主に伊勢湾で取れたものであろう。

当時、鯨肉は貴族・武士階級で最高の贈答品とされていた。とくに十五世紀になると伊勢湾沿岸の御厨や荘園で捕鯨に従事する集団が現れたらしく、食材として送り届けられた時期から、鯨が回遊する冬から春にかけての時期に行われていたようだ(山下二〇〇四)。とくに、伊勢などには宮中へ献上する鯨を捕獲する専門集団が成立していた可能性まで指摘されている(森田一九九四)。実際に、『お湯殿の上の日記』に記録されている鯨肉は伊勢から献上されたものが非常に多い。

伊勢湾内での捕鯨は、享保五年（一七二〇）成立の「西海鯨鯢記《さいかいげいげいき》」に尾張の内海の人々が元亀年間（一五七〇〜三）に鯨を突き取っていて、文禄元年（一五九二）には紀伊国尾佐津（紀伊国に尾佐津はなく鳥羽の相差と考えられている）に組を置いたことが記述されている。十六世紀の後半には産業化までには至っていたかは明らかではないものの、鳥羽の相差や知多の師崎といった伊勢湾内では一年の決まった時期に捕鯨に従事する人々が現れ、朝廷や大名たちの食膳に鯨を提供していたのかもしれない。

その後、近世になると捕鯨は産業化されていき、突き取り法から網取り法といって、鯨の前方に網をかけて自由を奪ってから銛を打ち込むという漁が行われるようになる。網取り法は、延宝三年（一六七五）頃に太地覚右衛門《かくえもん》によって和歌山県太地で完成されたとされる。鯨肉のみならず、油・骨・皮・歯・ヒゲの一本まで捨てることなく利用されたことから、捕鯨は、「鯨一頭獲れば七浦が賑わう」といわれ、多くの漁師がかかっても十分に村々が潤う仕事であった。たとえば鯨油は商品価値が高く、貴族などに珍重された。ゆえに、捕鯨の必要性が高まってゆくのも自然な流れといえる。

集団漁法と海賊（水軍）

戦国期における捕鯨の始まりを述べてきた。次に、鯨漁の組織的な狩猟方法は、海賊の戦闘形態が応用されたという点を、海賊衆と鯨漁をはじめとした集団漁法との関連でみていく。

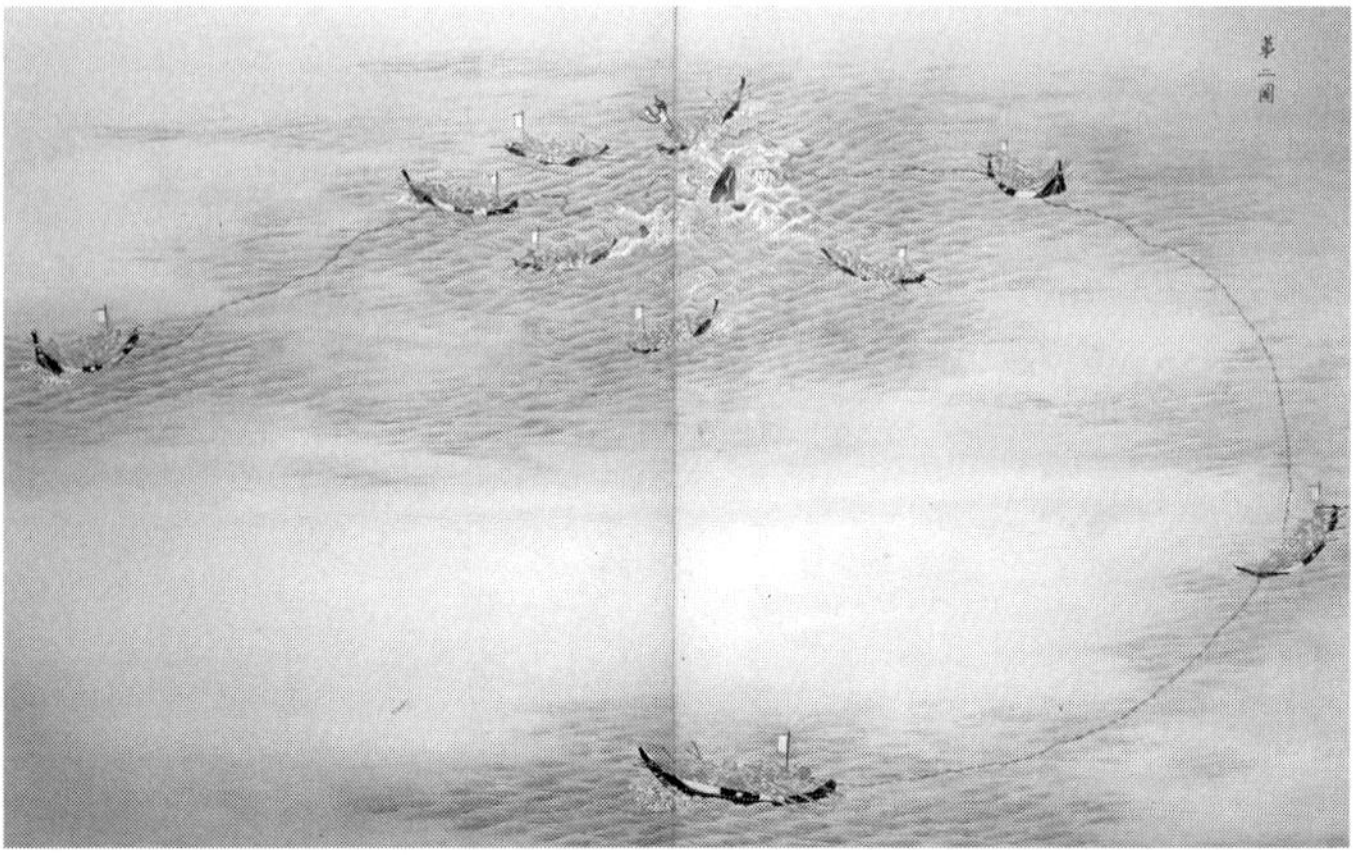

三重県水産図解鯨漁第二図全体（上）と部分（下）　三重県総合博物館蔵

まず、鯨漁は山見（山見番所において鯨や魚群を発見したり合図を送ったりする役）からの捕獲開始の指令が海上の船に出されると、十五から二十隻の船団を組んで鯨を狙いにいく。一隻に十五人ほどの漁師が乗り、総数三〇〇人を要した。一頭の鯨を突き取るためにはクジラの習性を知った指揮官の命令に従って一糸乱れぬ敏速な行動が要求される。また、船団は銛《もり》を打ちこむ役目をもった「勢子船」と、捕まえた鯨が沈まないように挟んで岸まで運ぶ「持双《もっそう》船」など

鳥羽浦鯔楯大漁事之図（拡大）　画像提供：鳥羽市立海の博物館

役割に応じた船で構成されていた。とりわけ勢子船は全長十メートル六十、幅二メートルほどで、他の船よりも幅が狭く敏速に行動できる構造になっていた。そういった船を駆使した組織的な狩猟方法が旧海賊の戦闘形態が応用されたとする理由である。

一方、鯨漁とあわせて注目される漁法として「鯔楯漁《ぼらたてりょう》」がある。鯔楯漁は、志摩から熊野灘にかけてのリアス海岸で行われていた漁法である。鯔は秋から春の終り頃にかけて産卵に向けて南下し、しばしば大群を形成する。鯔を捕る漁法は内湾のある地区では楯網を用いる楯漁といわれるもので、内湾に入ってきた鯔の群を楯切網で封鎖して、その中に網を投入して捕獲する漁法で、鳥羽志摩では盛んに行われてきた。始まりは中世にさかのぼるとされ、文明六年（一四七四）十二月、的屋浦（志摩市的矢）には的屋氏が支配する「大網」があったが、内宮からの漁業得分の催促に対し、今年はまだ操業していないと述べている（「文明年中内宮引付」）。この大網は、季節的に鯔漁の可能性が高いと指摘されている（飯田二〇〇〇）。「大網」を鯔漁とすると、志摩地域では嘉禎四年（一二三八）に神宮が麻生浦の住人に要求している貢納物資とともに徴収されており、志摩の鯔漁の始原は十三世紀までさかのぼる可能性がある。また、貞治五年（一三三五）五月三日に泊浦は内宮酒殿に四十一隻の名吉（ボラ）・しただみ（細螺・きさご）を貢進する義務を負っていたことが判明しており（「正殿仮殿遷宮記紙背文書」）、このときの泊浦の代官は中世資料にみえる九鬼氏であった。

近世になると、鯔漁が九鬼氏の領内で行われていたことを示す史料も確認されている。守隆の書状には「小濱せき（鳥羽市小浜町セギ）にて、いな（ボラ）打取り」「名吉（ボラ）取候はば、二三千もしほにさせ」（「三田九鬼家文書」）と鯔漁の記述が散見される。

鳥羽で行われる鯔漁は、各村から数百隻の船が集まり行われ、御奉行船・大目付船など役人船が構えて監視していた。漁によって治められる運上金は鳥羽藩の財政を支えた重要な収入源であった。

この鯔漁は、魚群を敵に見立てて、魚見と呼ばれる見張りの合図で一糸乱れず集団で動き、何重にも網を構えることから、水軍的色彩の強い漁法といわれている。また、漁に参加する船に与えられる山札には「壱の備、弐の備」といった兵法色が強い言葉が使われており、鰡漁も捕鯨とともに、軍事訓練を兼ねた漁であった可能性が指摘されている（野村一九九二）。

なお、鯨漁などに使用された船は転用が可能だった。たとえば、先にも紹介した永禄六年（一五六三）に出された鳥羽市神島の八代神社《やしろじんじゃ》所蔵の漁業手形「神島入荒布船木札」には「神嶋入荒布船之事、五丁立、七艘之内」とあり、五丁櫓のアラメ船があったことがわかる。五丁櫓は大船に属し、三十五尺船で、鯨船の勢子船と同じ大きさであり、この船が鯨船としても転用できるという。

また、「志島旧事記」の中の「船付之覚」には守隆の建造した三国丸のほか、九鬼水軍が保持した様々な軍船のリストが挙げられている。このリストの最後の項に、十一艘の「鯨船但軍用節支度」と記されている。つまり、鯨船は機動性に優れていたため、海戦の際に軍船へ転用できたことがわかる。

さらに、山見と城館との関連について触れたい。海賊衆の城館は共通して海に突き出した高台の岬に建てられており、山見番所との共通性が田上氏によって指摘されている。

実際、志摩地域の各地には海賊衆の居城であった中世城館が残っているが、その立地の大半は海に面した高台にあり、敵を発見したらすぐに船で出撃できる場所にあることが多い。たとえば、相差氏の居城であった相差城跡は、海に突き出した高台にあり、この地の字名は「魚見岡」であり、地名からも集団漁法と海賊衆との関連がうかがえる。

このように、鯨漁と鰡漁には、魚見や山見という見張り役が存在することや、一糸乱れず行動する船団など共通点がある。これらの集団漁法が行われる下地があってこそ海賊衆の優れた船の操縦技術が培われたのだろう。

九鬼氏と鯨漁

九鬼水軍をはじめとする志摩の海賊衆が、鯨漁・鰡漁などの集団漁法と共通した戦闘形態をとっていたかは、当時の水軍書などのような直接的な史料が確認できていないため検証することができない。とはいえ、九鬼氏は鯨との関わりが深く、九鬼氏関連の史料のなかにも、鯨にまつわる事項が確認できるので紹介していきたい。

九鬼氏は、鯨を自領の特産品としていたようで、朝廷や時の権力者などに鯨を献上している。『お湯殿の上の日記』には、信長の鯨献上の記述があることを触れたが、九鬼氏についても次のような記述がある。

（文禄四年）正月十二日「くきよりくじら二おけしん上申」
（文禄四年）正月廿七日「くきしょ大夫くちらのうちの物とて一折しん上申す」
（慶長三年正月）十二日「いせのくき大すみよりくしら二おけまいる」（お湯殿）

豊臣秀次朱印状　九鬼藤四郎から鯨を贈られたことに対する礼を述べている　神戸大学大学院人文学研究科蔵

これらは、嘉隆から朝廷に鯨が送られたことを示す記録である。先述のように、鯨は当時、高級食材であり、嘉隆のみならず守隆も慶長十五年（一六一〇）正月十二日に「伊勢くきなかと（長門）、くじら二おけ折しん上」（「お湯殿」）とあり、鯨を献上している。また、朝廷だけでなく豊臣氏にも贈っており、豊臣秀次や秀頼《ひでより》からも九鬼氏に対し鯨を贈られたことを感謝する書状が数通確認されている（村井二〇一四・源喜堂二〇二二）。

さらに、寛永期になると、九鬼守隆の書状の中に「鯨」について触れている史料が散見されるようになる。「三田九鬼家文書・乾八」の守隆書状には「鯨つきそうらわば京へ上せ此方へも下すべきこと」とあり、突き取り漁での鯨漁が行われ、鯨が京へ献上されているほか、守隆自身へも進上されたことがわかる。また、別の史料にも「つなしらず（綱不知）へ、鯨多く寄せ候儀、昔もかやうの子細候とて喜び申す」とあり、守隆が紀伊の綱不知（和歌山県白浜町綱不知）で鯨が多く出没し、昔はこのような様子だったと言って喜んでいる。そして、近頃では珍しいことなので、そういうことがあれば、知らせなさいと述べている（「市蔵九鬼家文書」）。

さらに、同文書は鯨油についても触れており、「鯨の油が古くなったので、買い換えたいと命じたが、まっこうくじらという油は質が悪い、そのうえ、伊勢の河崎で買う方が、ましなので、現地では買わなかった」とあり、鯨油が伊勢の流通の拠点でもあった河崎（伊勢市河崎）にて取引されていたことも判明している。

元禄四年（一六九一）の「志摩国英虞郡船越村差出帳」には「鯨突留候節、壱本ニ付、身皮六貫目、皮百貫目、尾ばけかたかた、ひげかたかた、百尋残らず、たけり共」と鯨税の規定がある。「右は、九鬼大隈守様御代・内藤伊賀守様御代、運上として差上申し候」とあり、鯨税がすでに嘉隆によって設定され、次の藩主の内藤氏にも踏襲されたことが指摘されている（中田一九七六）。

以上の史料などから、九鬼氏領内の志摩の海域では鯨漁が行われていたとみられ、鯨を特産品としていたほか、鯨税の設定をはじめとして、鯨から採取された油などが取引されるなど、九鬼氏と鯨・鯨漁には深い関わりがあることがわかる。

鯨漁や鯔楯漁と水軍

九鬼氏と鯨漁や鯔楯漁との関連史料をみてきた。九鬼氏に限らず、伊勢志摩地域では中世から鯨漁や鯔漁といった操縦技術を必要とし、船団を組んだ集団による漁が行われてきた。間接的な史料ではあるものの、九鬼氏をはじめとする志摩の海賊衆は鯨漁・鯔楯漁によって修練された優れた船の操縦術を有し、この手法を水軍にも応用していたようである。戦国の世において、志摩・熊野の海賊衆が大名に取り立てられていった背景には、海上輸送を担う商業的な面に加え、造船技術や集団漁法による優れた操縦技術を有していたことも要因としてみてよいだろう。鯨・鯔漁の歴史は、現状では中世の史料が少なく、近世以降の史料によるところが大きいが、九鬼氏をはじめとする海賊衆と集団漁との関わりについては、今後、新たな史料の発見により、さらに解明が進むことが期待される。また、そのほかにも、鯨漁の研究は漁業史のみならず、当時の生活文化や経済・流通を考えるうえで鯨肉・鯨油など鯨製品の流通についても明らかにしていく必要がある。

終章　海から離れた九鬼氏

三田藩九鬼氏の動向

御家騒動により、九鬼久隆は摂津国三田、隆季は丹波国綾部という海のない山間の地域にそれぞれ転封された。それに伴い、家臣達も久隆に従った者と隆季に従った者に分かれている。これにより九鬼家は幕府の船手衆から外れることとなり、九鬼氏は水軍としての活動を失うことになった。

摂津国三田に転封となった久隆を当主とする三田九鬼家は三万六〇〇〇石の領地高となった。海に面した鳥羽志摩地域とは対照的な山間の地である。また、鳥羽では城持ちであったが、三田では無城となり、三田陣屋を構え本拠とした。

久隆は、三田入りした翌年の寛永十一年（一六三四）に将軍家光の上洛に供奉した。また、寛永十二年（一六三五）には江戸城堀石垣普請に参加している。そのほかにも所替えによって城主不明となった高槻《たかつき》城（大阪府高槻市）の在番などを務めた。慶安二年（一六四九）正月に三十二歳で没した。

その後、三田九鬼氏は久隆から隆義まで十三代続いて明治維新まで続いたものの、当主の早世が相次ぎ、当主の継承には苦心をしたようだ。実は隆律《たかのり》・副隆《すえたか》・隆久《たかひさ》・隆抵《たかやす》・隆由《たかより》・隆邑《たかむら》・隆義《たかよし》は他家から迎えられた養子で、隆由《たかより》・隆邑《たかむら》・隆義《たかよし》にいたっては、かつて喧嘩別れをした綾部九鬼氏から迎えている。この時期には両家の間にはもうわだかまりはなかったのかもしれない。養子によって三田藩九鬼氏は大名として続いたといってもよい。また、天保十年（一八三九）、隆国の代には数年来の精勤などが幕府に認められ、城主格に格上げを果たしている（『三田市史』二〇一二）。

三田御池　兵庫県三田市

幕末の安政六年（一八五九）に最後の藩主となった隆義は、世襲にとらわれず、白洲退蔵《しらすたいぞう》や小寺泰次郎《こでらたいじろう》といった優秀な人材を登用し、藩政改革を断行し、西洋の文明を取り入れていった。なお、白洲退蔵の孫は第二次世界大戦後にGHQとの交渉にあたった白洲次郎である。先進的な取り組みを行っていた三田藩では、そのほかにも蘭学者・発明家・医者と三つの顔をもち、初めて日本でビールを醸造したといわれる川本幸民《かわもとこうみん》や日本の文化財保護制度の創始者の一人、九鬼隆一《りゅういち》らを輩出している。

三田に残る三田九鬼氏ゆかりの地としては、菩提寺である心月院《しんげついん》（兵庫県三田市西山）がある。鳥羽の菩提寺である常安寺から僧侶を招いてひらかれた寺院で、心月院の寺号は、鳥羽時代最後の城主である守隆の法名（戒名）「松嶽院殿心月善光居士」にちなんでいる。
また、かつての陣屋付近には「三田御池」という池があり、かつて水軍役を勤めた藩士たちが往時を懐かしみ、ここに船を浮かべて船を漕ぎ、水軍の時代を偲んだという。

綾部藩九鬼氏の動向

丹波国綾部に転封となった隆季を当主とする綾部九鬼氏は、二万石の領地高となった。こちらも山間の地である。隆季は家臣の智積《ちしゃく》寺助左衛門を綾部に遣わして城地を選ばせ、寛永十一年に城館を築いたが、火災に遭ったため、慶安四年（一六五一）に上野（京都府綾部市上野町）の台地に移し、以後、幕末までそこを城地とした。綾部陣屋の跡は現在、宗教法人大本の境内などになっている。

隆季は、綾部での治世四十年の間に、大和国の高取城の在番や江戸火消役、朝鮮使節の接待役などをつとめ、延宝六年（一六七八）に七十一歳で没した。

隆季について注目される事績としては、祖父である嘉隆や九鬼家ゆかりの地の整備を熱心に行っていたことが挙げられる。答志島の嘉隆の首塚と胴塚の整備を行い、寛文九年（一六六九）には、嘉隆の菩提を弔うため、答志郡和具村の庄屋らに対して、嘉隆が自害した洞泉庵へ石塔と燈明代を寄進し、盆・正月三ヶ日と毎日十二日に燈明をあげることを義務付けている（「九鬼文書」鳥羽磯部漁業協同組合和具浦支所蔵）ほか、同年に三重県尾鷲市九鬼町の久木神社に灯籠を寄進している。延宝三年（一六七五）には九鬼氏の菩提寺である鳥羽市の常安寺の墓所の整備を行っており、隆季自身もこの地に葬られている。

その後の綾部九鬼氏は、隆季を含め十代にわたって続き、明治時代を迎えた。

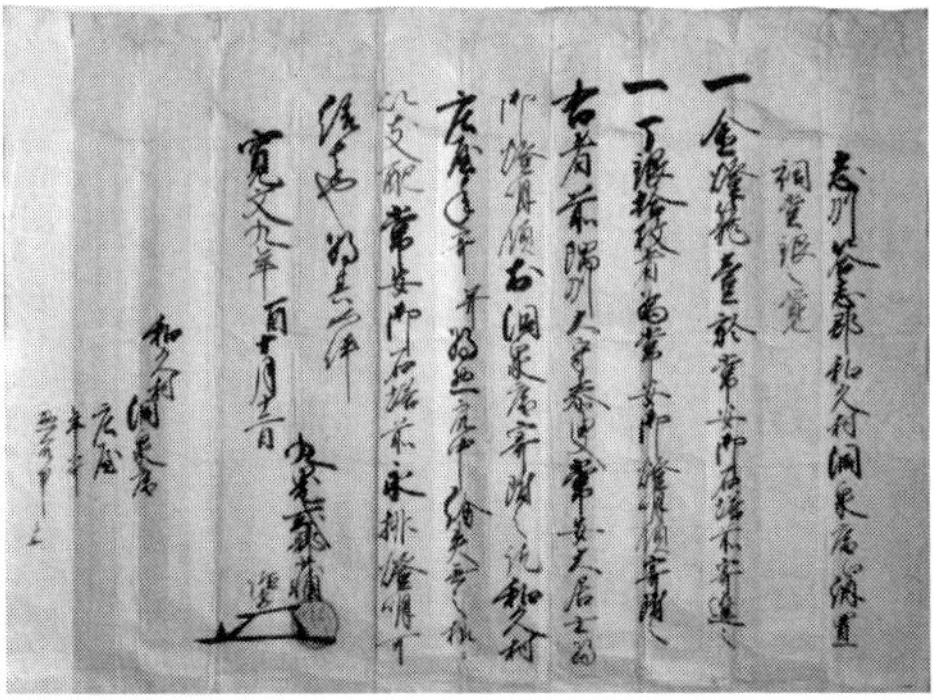

隆季の和具村への寄進状　鳥羽磯部漁業協同組合和具浦支所蔵

綾部における九鬼氏ゆかりの地は多くないが、綾部九鬼家の菩提寺である隆興寺《りゅうこうじ》（綾部市神宮寺町）がある。なお、寺名の由来は、九鬼嘉隆の法名「隆興寺殿泰叟常安大居士」からきている。

九鬼氏の先祖意識について

三田と綾部に分かれた九鬼氏は、家紋も三田・綾部ではそれぞれ異なっている。三田九鬼氏の家紋は「七星（曜）」で、嘉隆の家紋の「左三巴」ではない。『寛永伝』『寛政譜』ともに、「元は左巴たりといえども、守隆が時にいたりてこれをあらたむ」と記されている。一方で嘉隆の左三巴の家紋は綾部の九鬼氏に引き継がれた。したがって、綾部九鬼氏は嘉隆のルーツを継承している。

三田九鬼氏は、守隆を始祖として位置づけていたようで、守隆は死後、鳥羽の常安寺に葬られるものの、久隆の時に三田の心月院に改葬されている（『寛政譜』）。九鬼氏を大名に押し上げた嘉隆ではなく、九鬼氏が分裂する直前の当主であった守隆を自分達の先祖というふうに位置づけ、そのお墓を移して、守隆の法名をとって心月院という菩提寺をつくり、そこに歴代の墓石を集めている。その背景には、嘉隆は豊臣方に付いた大名であったため、江戸時代には、三田九鬼氏としてはそれを表に出しづらいという幕府への配慮もあったのかもしれない。

対して、綾部九鬼氏は、嘉隆を始祖として顕彰し、隆季は先述のように熱心に九鬼氏や嘉隆ゆかりの地の整備等を熱心に行っている。こうした両家の先祖意識の違いは、鳥羽にある九鬼氏ゆかりの寺社との関り方にも現れていることが明らかになっている（『三田市史』二〇一二）。たとえば、鳥羽の常安寺の場合、三田・綾部の双方から崇敬を受けているが、綾部の方が年間の貢進回数が多いうえに、藩主との直接的なやりとりが含まれるのに対し、三田の方は基本的に年始の挨拶に対する答礼のみで、家老をはじめとする家臣などのやりとりにとどまっており、明らかに綾部の九鬼家の方が熱心である。一方で、三田九鬼氏は田城宮への崇敬を熱心に行っている。第三章でも触れたが、田城宮とは、鳥羽市岩倉町に所在する九鬼岩倉神社のことで、鳥羽城に移る前の九鬼氏の居城で嘉隆が甥である澄隆を討って九鬼家物領の地位を確立したとされる田城城跡に立地している。三田九鬼家では、家内で禍が多発した際に、澄隆の怨念だと恐れ、田城宮に澄隆を惣領権現として祀ったとされており、祭祀を怠ると不都合が起こるということで、三田陣屋の近辺にも田城宮を勧請し、手厚く崇敬してきたのであった。

九鬼氏の本拠・鳥羽城跡から嘉隆終焉の地・答志島を望む

このように九鬼氏は三田と綾部に分裂をした後、先祖祭祀のあり方にみるように、それぞれ別の道を歩んでいった。綾部の九鬼氏は嘉隆の継承者であり、九鬼水軍の継承者というかたちをとり、三田の九鬼氏は、鳥羽で生まれ変わった九鬼家つまり守隆の系統の家であると位置づけてきたのである。しかし、それぞれの道を歩んでいた両九鬼家も、隆邑が綾部九鬼氏から三田九鬼氏の養子になり当主となったことで交わるようになり、以後も交流が続いていくことになった。そして、三田・綾部九鬼氏ともに明治まで存続したのである。

御家騒動によって海のない領地に転封となり、九鬼水軍はその役割を終えることになったが、志摩一国の大名として統治し、水軍として活躍した嘉隆・守隆の時代は九鬼氏にとって最も輝かしい時代であった。

あとがき

筆者は『九鬼嘉隆』の図録を編集・刊行したことがきっかけで、九鬼氏の研究を始めることになったが、その後、研究を行ううえで大きな契機があった。それは、平成二十三年（二〇一一）に、九鬼家の転封先の一つである兵庫県三田市と鳥羽市で友好都市提携が結ばれたことである。それにより、三田九鬼家関係の史料について新たな情報を提供していただけることになり、研究の基となる史料の蓄積に大いに寄与することになった。

もう一つは、同年に初めて鳥羽城跡の本丸跡の発掘調査が行われたことである。発掘調査では、埋没石垣などの遺構や九鬼氏の時代の瓦類が出土するなどの成果を得た。

他にも、兵庫県内で九鬼家に関する新たな文書史料が発見されたこともあり、筆者もより九鬼氏に対する興味関心が増し、関連の史料が残っていないか、あらゆる史料・文献を探すようになった。新たな史料を見つけたときの興奮と喜びは、筆者が学生時代に考古学を学び、発掘調査で思わぬ発見があった時の喜びに相通じるものがあり、分野は違うが、学び・追究する楽しさを改めて実感することになった。

そんな折、二〇二〇年十月十一日に愛媛県今治市で開催された「日本海賊会議」で、筆者は伊勢志摩のテーマで発表・登壇する機会をいただき、それがご縁で戎光祥出版株式会社の『歴史研究』（第六九八号）の特集「海賊と海戦・城郭」に「伊勢志摩の海賊衆」の執筆をさせていただく機会を得た。

図録の刊行から十年以上を経過し、その後に確認された史資料も蓄積され、九鬼氏に関して新たに書籍としてまとめる必要があると思っていたところ、戎光祥出版株式会社より九鬼嘉隆をテーマに選書の執筆の打診をいただいた。文献史学専攻の研究者ではない筆者で良いのだろうかという思いもあったが、現状で九鬼氏をテーマにする研究者もいなかったことと、一般読者向けの適切な書籍も皆無であることから、自分が書くしかないと快諾させていただいた。したがって、本書では現状の研究動向をできるだけわかりやすく提示したつもりである。

近年は、史料の多い毛利氏や村上海賊を題材とした小説がベストセラーになるなど、戦国時代の海賊衆といった海上勢力についてメディア等で取り上げられる機会も増え、知名度も上がってきていることは喜ばしい限りである。一方、九鬼嘉隆については歴史に詳しい方には知られた存在ではあるが、一般的にはまだ知名度は高いとはいえないのが現状であろう。嘉隆は、志摩の小さな一勢力から織田信長・豊臣秀吉のもとで水軍として活躍し、一国の大名に上り詰め、最後は関ヶ原の戦いの際に、父子に分かれて息子と戦い、徳川家康の赦免の知らせを聞くことなく自害するという劇的な生涯を送った人物である。こうした嘉隆の生涯はもっと光をあてられても良いだろう。本書の刊行により、嘉隆のみならず九鬼氏の研究がさらに進展し、より世間からの関心が高まることを期待したい。

九鬼嘉隆と九鬼氏をより深く理解するためのきっかけとして本書を記したが、筆者の浅学ゆえ、読者にはわかりにくい部分や解釈の甘いと思われるようなところもあるだろう。今後の自身の課題としたい。

筆者の九鬼氏の研究・本書の執筆にあたっては、旧三重県史編纂室、伊勢中世史研究会、三田市、大阪城天守閣など多くの機関・諸氏に有益な御教示をいただいた。そして、静かに見守ってくれた妻の恵にも感謝したい。

最後に、本書の刊行にあたり戎光祥出版株式会社の石渡洋平氏には大変お世話になった。厚く御礼を申し上げげたい。

二〇二三年六月

豊田祥三

【主要参考文献】

〈史料〉

『愛知県史』通史編3（中世2・織豊　二〇一八年）
「青山家由緒書」（『三田市史』第4巻　近世資料、一九九八年）
『安土日記』（尊経閣文庫所蔵）
『綾部市史』上巻（一九七六年）
「家忠日記」（『増補続史料大成』十九、臨川書店、一九七九年）
『一宮市史』（資料編六　古代・中世史料集、一九七〇年）
「因幡志所所管文書」（『兵庫県史史料編』中世九・古代補遺、一九九七年）
「氏経神事記」（『史料纂集』古記録編、八木書店古書出版部、二〇一六年）
「氏経卿引付」（『三資中一（上）』）
「宇野主水日記」（『石山本願寺日記』下巻、文堂出版株式会社、一九三〇年）
「江戸幕府日記」（姫路市立図書館所蔵、国立史料館写真版）
「近江水口加藤家文書」（『兵庫県史史料編』中世九・古代補遺、一九九七年）
「大川文書」（『小田原市史』史料編中世Ⅱ、一九九一年）
「大阪城天守閣所蔵文書」（『熊野九鬼水軍展』熊野本宮大社、一九九三年）
「太田家古文書」（『三資中一（下）』）
「大西家文書」（三重県編・刊『藤堂高虎関係資料集補遺』二〇一一年）

「大湊文書」（伊勢市大湊支所保管文書）
奥野高広『織田信長文書の研究』（吉川弘文館、一九七〇年）
「岡本文書」（『豊臣秀吉文書集二』吉川弘文館、二〇一六年）
「小浜文書」（財石川文化事業財団　お茶の水図書館『お茶の水図書館蔵　成堂文庫　武家文書の研究と目録（上）』
一九八三年）
『お湯殿の上の日記』（『続群書類従』補遺三、続群書類従完成会、一九六六年）
『覚上公御書集　下』（臨川書店、一九九九年）
「可睡斎文書」（『三資近二』）
「角屋関係資料」（『三資中二別冊』）
「寛永諸家系図伝　第十」（続群書類従完成会、一九六五年）
「寛政重修諸家譜」『新訂寛政重修諸家譜』（続群書類従完成会、一九六五年）
「義演准后日記」一〜二（続群書類従完成会、一九七六年〜一九八四年）
「木島文書」（『三資中三（上）』）
「来田文書」（『京都大学文学部博物館の古文書　第七輯　伊勢御師と来田文書』思文閣出版、一九九〇年）
「旧記雑録後編」（二〈鹿児島県史料〉、鹿児島県、一九八二年）
「旧三田藩主九鬼家文書」（『三田藩主九鬼家文書』二〇二一年神戸大学大学院人文学研究科地域連携センター、
二〇二一年）
「旧三田藩主九鬼家文書」（『三田藩主九鬼家文書』二〇二二年神戸大学大学院人文学研究科地域連携センター、

二〇二二年）
「桐村正春氏所蔵文書」（『三資中三（中）』）
「九鬼御伝記」（『三田九鬼史料』第一巻、一九八一年）
「九鬼家隆氏所蔵文書」（『熊野九鬼水軍展』熊野本宮大社、一九九三年）
「九鬼家伝系図」（『三田市史』第4巻 近世資料、一九九八年）
「九鬼家由来記」（国立公文書館内閣文庫写本）
「九鬼友隆書状」（『三資中二』）
「九鬼守隆書状」（鳥羽市教育委員会所蔵文書、東京大学史料編纂所）
「九鬼文書」（『新訂徳川家康文書の研究』上巻、二本学術振興会）
「国崎文書」（『三資中二』）
熊本県立美術館『重要文化財指定記念 信長からの手紙』（二〇一四年）
「慶長年中卜斎記」（『改定史籍集覧』第二十六冊目録、臨川書店、一九八四年）
『源喜堂書店古書目録 第三十號』（二〇二一年）
太田牛一著『原本信長記』（「池田家本」印影本、福武書店、一九八〇年）
上野市古文献刊行会編「高山公実録」（清文堂出版、一九九八年）
国史編纂委員会編『朝鮮王朝実録』二十、二一（韓国、一九五六・一九五七年）
「護国寺文書」（東京大学史料編纂所景写本）
「光明寺古文書」（『三資中二』）

「沢氏古文書」（『三資中三（上）』）
『三田市史』第1巻　通史編Ⅰ（二〇一一年）
『三田市史』第4巻　近世資料（一九九八年）
「三田藩九鬼家臣系譜」（『三田市史』第4巻　近世資料、一九九八年）
『志州旧記』（『郷土志摩』第六二号、一九八三年）
「志鳥旧事記」（『郷土志摩』第六二号、一九八三年）
「島津家文書」（『大日本古文書』家分け十六ノ一、東京大学出版会、一九五二年）
「志陽略誌」（岩田準一『志摩のはしりかね』付載、一九七二年）
『西海鯨鯢記』（平戸市の文化財十三、西海鯨鯢記、平戸市教育委員会、一九八〇年）
「佐野義人氏所蔵文書」（『新編一宮市史』資料編六　古代・中世史料集、一九七〇年）
「聚楽第行幸記」（『群書類従』第三輯　帝王部、一九八〇年）
「常光寺年代記」（『大日本史料』第十一編之七）
『神境合戦類聚』（神宮文庫所蔵文書）
『信長公記』（太田牛一著「陽明文庫本」奥野高広・岩沢愿彦校注、角川文庫、一九六九年）
「末崎文書」『三資近一』）
「勢州軍記」（続群書類従完成会『続群書類従』第二十一輯上、一九五八年）
「千賀系譜」（『みなみ』第三十一〜三十三号、一九八一〜八二年）
「宗及自會記」（『茶道古典全集』第八巻、一九五九年）

「宗及他會記」（『茶道古典全集』第七巻、一九五九年）
『宗国史』（上野市古文献刊行会、一九八一年）
『宗湛日記』随筆文学選集第十一（一九二七年）
「醍醐寺文書」（『三資古中（下）』）
『中右記』（増補史料大成、臨川書店、二〇〇一年）
「言經卿記」（『大日本古記録　言經卿記七』岩波書店、一九七一年）
長久手町『長久手町史　資料編六　中世　長久手合戦史料集』（一九九二年）
「内宮引付」神宮文庫（『三資中一（上）』）
「内宮庁宣」神宮文庫（『三資中一（上）』）
「南行雑録」（『新訂織田信長文書の研究』下巻　八六一、一九八八年）
「南部文書」（『大日本史料』第七編之六）
「日本耶蘇会年報」（『大日本史料　第十一之編之十五』東京大学出版会）
「太閤記」（新日本古典文学大系、岩波書店、一九九六年）
多門院英俊著『多門院日記』（竹内理三編『続史料大成』臨川書店、一九七八年）
「言緒卿記」（『大日本古記録』岩波書店、一九九五年）
鳥羽市史編纂室『鳥羽市史』上巻（一九九一年）
「豊臣秀吉朱印状」（『特別展　秀吉家臣団』大阪城天守閣、二〇〇〇年）
「志州鳥羽城本丸二之丸外曲輪　公儀御船秉并和泉守員数　陣門櫓数并内藤和泉守武具」（鳥羽市立図書館蔵）

「北条氏虎朱印状」（『小田原市史』史料編中世Ⅱ、四一一号、一九九一年）
「細川家文書」二〇肥後（『新訂織田信長文書の研究』下巻　八〇七、一九八八年）
「日根野文書」（『新修和泉佐野市史』第六巻六〇号、二〇〇五年）
「譜牒餘録」（『内閣文庫影印叢刊　譜牒餘録』上・中・下、国立国会図書館内閣文庫、一九七三～一九七五年）
「フロイス日本史」（『完訳フロイス日本史　三』中央公論社　二〇〇〇年）
「文明年中内宮宮司引付」神宮文庫（『三資中一（上）』）
本宮町『本宮町史』文化財編古代中世資料編（二〇〇二年）
「松下区有文書」（『三資中二』）
「万福寺文書」（『三資近一』）
『三資古中下』
『三通中』
『三資近二』
『三重県史』通史編近世一（三重県二〇一八年）
『三資中一（上）』
『三資中一（下）』
『三資中二』
『三資中三（上）』
『三資中三（中）』

『三資中三（下）』
「御塩殿文書」神宮文庫（『三資中一（下）』）
「水野文書」（『新訂織田信長文書の研究』下巻六九〇、一九八八年）
『三好長秀註伐感状案』（『大日本史料』第九編之一）
「宮部文書」（『新訂織田信長文書の研究』下巻　七七一号）
「妙法院文書」（『青森県史　資料編近世一』二〇〇一年）
「村上彦右衛門義清働之覚」（国立公文書館内閣文庫所蔵写本）
「明応三年引付」（『三資中一（上）』）
「毛利家文書」（『大日本古文書』家分け、東京大学出版会、一九七〇年）
「八坂神社文書」（八坂神社文書編纂委員会編『新修八坂神社文書：中世篇』二〇〇二年）
『耶蘇会士日本通信　下』（駿南社、一九二八年）
「米山文書」（『三資近一』）
「林昌寺文書」（『三資中二』）
「脇坂記」（続群書類従完成会『続群書類従』第二十輯下）
「脇坂文書」（村井祐樹編『脇坂家文書集成』たつの市立龍野歴史文化資料館、二〇一六年）

〈引用・参考文献〉
安達裕之「白と黒─船の場合─」（『海事史研究』第五五号、一九九八年）

飯田良一「一揆する人々」(『三重県の歴史』山川出版社、二〇〇〇年)
石井謙治『図説　和船史話』(図説日本海事史話叢書1、至誠堂、一九八三年)
石井謙治『和船Ⅱ』(ものと人間の文化史76―Ⅱ、法政大学出版局、一九九五年)
伊藤裕偉「もうひとつの大湊」(『中世港町論の射程　港町の原像:下』岩田書院、二〇一六年)
伊藤裕偉「志摩・紀伊国の御厨・荘園」(『三通中』)
伊藤裕偉「志摩・熊野と海民の世界」(『三通中』)
市川造船所『模型「日本丸」の概要と文献』(一九三七年)
稲本紀昭「九鬼氏について」(『三重県史研究』創刊号、一九八五年)
稲本紀昭「伊勢・志摩の交通と交易」(『海と列島文化第8巻　伊勢と熊野の海』小学館、一九九二年)
稲本紀昭「織田信長と長島一揆」(『日本国家の史的特質近世・近代』思文閣出版、一九九五年)
上野秀治「関ヶ原の戦いと伊勢・志摩」(『三重県史』通史編近世一、三重県、二〇一八年)
宇佐見隆之「中世の太平洋海運と湊船―『武蔵国品河湊船帳』の再検討」(『古文書研究』四四・四五号、一九九七年)
宇田川武久『戦国水軍の興亡』(平凡社新一五八、二〇〇二年)
大阪城天守閣『特別展　戦国の五十人』(一九九四年)
大阪城天守閣『秀吉家臣団』(二〇〇〇年)
大島健彦「『志摩軍記』の成立」(『文学論藻』四五号、一九七〇年)
小川　雄「織田政権の海上軍事と九鬼嘉隆」(『海海事史研究』第六九号、二〇一二年)
小川　雄『水軍と海賊の戦国史』(平凡社、二〇二〇年)

奥野高広・岩沢愿彦校註『信長公記』（角川書店、一九六九年）
鴨川達夫「武田氏の海賊衆小浜景隆」（『定本・武田信玄　21世紀の戦国大名論』高志書院、二〇〇二年）
国立晋州博物館『丁酉再乱　1597』（二〇一七年）
北川　央・高橋　修ほか『熊野九鬼水軍展』（熊野本宮大社、一九九三年）
北川　央「平成四年度新収蔵資料紹介」（『大阪城天守閣紀要』第二二号、一九九四年）
北川　央「九鬼家三代の女たち」（『歴史読本』一月号、一九九九年）
黒嶋　敏「「鉄ノ船」の真相―海から見た織田政権」（金子拓編『『信長記』と織田信長の時代』勉誠出版、二〇一二年）
黒嶋　敏『海の武士団　水軍と海賊のあいだ』（講談社選書メチエ　講談社、二〇一三年）
黒嶋　敏「天下普請としての秀吉の造船―文禄の役の「水軍」「御渡海」「日本丸」」（『近世統一政権の成立と天下普請の展開』東京大学史料編纂所研究成果報告、二〇二二年）
黒田日出男『境界の中世・象徴の中世』（東京大学出版会、一九八六年）
小島広次「大湊と織田政権」（『日本歴史』第三七二号、一九七九年五月号）
小林　秀「古文書からみた中世の志摩」（『鳥羽郷土史考　第一号』二〇一〇年）
堺市博物館　さかい利晶の杜企画展「天下をめざす―てがみから読む戦国時代―」パンフレット（二〇一六年）
佐賀県立名護屋城博物館『秀吉と文禄・慶長の役』（佐賀県立名護屋城博物館・韓国国立晋州博物館学術交流記念　特別企画展、二〇〇七年）
田上　繁「熊野灘の古式捕鯨組織―太地・古座両浦を中心として―」（『伊勢と熊野の海』海と列島文化　第八巻、

一九九二年）
高田義久編　『三田藩　九鬼家家譜』（一九九九年）
鳥羽市教育委員会　『鳥羽城跡本丸跡（第六次）発掘調査報告』（二〇一七年）
鳥羽市史編さん室　『鳥羽市史』上巻（一九九一年）
豊田祥三編　『九鬼嘉隆―戦国最強の水軍大将―』（鳥羽市教育委員会、二〇一一年）
豊田祥三　「旧鳥羽小学校所蔵謄写本の九鬼家文書について」（『三重県史研究』第32号、三重県、二〇一七年）
豊田祥三　「「極秘諸国城図」の鳥羽城絵図について」（『松江歴史館研究紀要』第七号、二〇一九年）
豊田祥三　「九鬼氏の代替わりについて～嘉隆から守隆への家督交代～」（『三重県史研究』第35号、三重県、二〇二〇年）
永原慶二　「伊勢・紀伊の海賊商人と戦国大名」（『知多半島の歴史と現在』4、校倉書房、一九九二年）
中田四朗　「近世の志摩・奥熊野・伊勢における捕鯨業」（『海と人間四』一九七六年）
中野　等　『秀吉の軍令と大陸侵攻』（吉川弘文館、二〇〇六年）
西村正彦　「志摩の豪族九鬼氏の研究」（『皇学』第六巻三号、一九三九年）
野村史隆　「鯔楯漁事」（『鳥羽市史　下巻』鳥羽市、一九九一年）
野村史隆　『海と列島文化第8巻　伊勢と熊野の海』（小学館、一九九二年）
林　晃弘　「金地院崇伝」（日本史史料研究会編『戦国僧侶列伝』星海社、二〇一八年）
福田千鶴　「寛永期における主君・家中・親族・公儀―九鬼騒動の事例から」（丸山雍成『日本近世の地域社会論』、一九九八年）
福田千鶴　『御家騒動』（中公新書一七八八、中央公論社、二〇〇五年）

藤田明良「中世志摩国についての一考察」（『年報中世史研究』第九号、一九八四年）
藤田達生『戦国日本の軍事革命』（中公新書二八八、中央公論社、二〇二二年）
星山晋也「金地院崇伝のみた墨跡―その鑑定家としての一面―」（『日本美術工芸』四五五号、一九七六年）
真鍋淳哉『戦国江戸湾の海賊　北条水軍VS里見水軍』（シリーズ実像に迫る016、戎光祥出版、二〇一八年）
三浦正幸「鳥羽城の魅力」（地球塾講演資料、鳥羽市教育委員会、二〇一五年）
三浦正幸『図説　近世城郭の作事　天守編』（原書房、二〇二二年）
村井良介「新出の「九鬼家文書」の紹介（活動報告）」（『神戸大学大学院人文学研究科地域連携センター年報6』二〇一四年）
森田勝昭『鯨と捕鯨の文化史』（名古屋大学出版会、一九九四年）
山内　譲『海賊衆来島村上氏とその時代』（セキ株式会社、二〇一四年）
山内　譲『豊臣水軍興亡史』（吉川弘文館、二〇一六年）
山内　譲『海賊の日本史』（講談社現代新書二四八三、講談社、二〇一八年）
山下渉登『ものと人間の文化史120―1捕鯨I』（法政大学出版局、二〇〇四年）
山崎信二「近世瓦におけるコビキB（鉄線切り）出現の年代―地域別の実年代について―」（『近世瓦の研究』同成社、二〇〇八年）
山崎敏昭「加徳城と安骨浦城の縄張り」（『倭城の研究』第二号、城郭談話会、一九九八年）
山室恭子『中世のなかに生まれた近世』（吉川弘文館、一九九一年）
綿貫智子『中世東国の太平洋海運』（東京大学出版会、一九九八年）

九鬼嘉隆略年表

年号	西暦		事項
天文十一	一五四二		嘉隆、志摩国に生まれる。
永禄十一	一五六八	この頃	嘉隆が織田信長の京へ出張の際、滝川一益の仲介により、信長の配下となる。
		秋	船手の大将として志摩に赴き、嘉隆は志摩の地頭衆に降伏するように通達するが、これに従わなかった浦豊後を滅ぼす。
永禄十二	一五六九		嘉隆、織田信長の北畠（大河内城）攻めの際に、大淀城攻撃に参加。
天正元	一五七三	十月十三日	織田氏が長島一向一揆を攻撃するにあたり、九鬼氏は桑名に在陣し、大湊衆と連絡を取り合うよう指示される。
		十月三十日	伊勢国司北畠家の家臣鳥屋尾満栄が、同国大湊衆に、同国桑名へ送った船を九鬼嘉隆らに預けられたことを伝える。
天正二	一五七四	七月十五日	嘉隆、長島一向一揆攻撃のため、安宅船に乗って参陣。
天正三	一五七五		堀内氏善が水軍を率いて三木城の三鬼新八郎を攻めるが、嘉隆が新八郎を援助したため、退却する。
天正六	一五七八	六月二十六日	信長の命令で大船六艘を建造した嘉隆は、熊野浦経由で大坂湾へ向かった。
		七月十四日	嘉隆らの大船、淡輪に着岸。その前後に、海上で紀伊雑賀衆を大鉄砲にて砲撃して撃破した。
		七月十七日	嘉隆が堺に到着。
		九月三十日	信長が和泉の堺にて、九鬼嘉隆に新造させた戦艦を観る。
		十一月六日	嘉隆、毛利氏の水軍と摂津木津川口にて戦いこれを破る、この戦功により、志摩国七嶋、摂津国野田、福島等にて七千石の地の加増を受ける。
天正七	一五七九	正月五日	嘉隆、和泉堺より安土に行き、信長に年頭の挨拶をする。その後、伊勢へ帰国した。
		六月十日	嘉隆が大坂湾において兵糧不足に陥る。
		七月二十五日	嘉隆が水野監物と茶会に参加。
		十二月八日	嘉隆が茶会を開き 宗及・道和が参加。
		十二月十二日	嘉隆、道和と茶会に参加。

天正八	一五八〇	三月十一日	信長から嘉隆に対し、本願寺の寺内に出入する海上往還を異議なく保証させるように命じられる。
		五月六日	嘉隆と勢州衆が茶会に参加。
		七月六日	摂津国花隈城攻めで、賊徒を滅ぼしたことについて信雄より感状をもらう。
		十月五日	嘉隆が茶会を開き、宗訥・宗及が参加。
		十月十一日	道和の茶会に嘉隆・宗訥・宗及が参加。
天正九	一五八一	正月十七日	嘉隆と道和が茶会に参加。
		正月二十日	嘉隆が茶会を開き、宗訥・宗及・道和が参加。
		三月十三日	嘉隆が宗訥・道和と茶会に参加。
		三月十七日	道和の茶会に卜意・宗訥・宗及・嘉隆が参加。
天正十	一五八二	二月十八日	嘉隆が道和と茶会に参加。
		三月四日	九鬼氏が織田氏より淡路衆と共に備前の方に向かうように命じられる。
		六月二日	織田信長、本能寺の変で横死するが、嘉隆の動向は不明。
天正十一	一五八三	十月七日	嘉隆、滝川一益と茶会。
天正十二	一五八四	四月八日	小牧・長久手の戦いにおいて、秀吉方に付いた嘉隆は、織田信雄方の滝川雄利が守る南伊勢の松ヶ島城の攻撃に田丸直息とともに参加し、(「勢州軍記」) 海上を封鎖した。
		四月十七日	嘉隆は三河吉胡、和地等を襲い、一〇〇艘を連ねて来襲し、沿岸部を放火して回った。
		六月十六日	嘉隆、滝川一益と共に海上から侵攻し、信雄方の蟹江城・下島城などを攻略。
		六月十八日	信雄と家康軍が蟹江城を攻撃し、嘉隆は舟で逃走するが攻撃を受ける。
		十二月二十三日	朝、嘉隆、蒲生氏郷・多賀新左(多賀新左衛門)と茶会に参加。
天正十三	一五八五	この年	雑賀衆の反乱に、嘉隆は中村一氏・仙石秀久等と水軍として参加。
		三月四日	紀州攻めにおいて湯川直春への攻撃に中村一氏とともに向かう。
		四月十四日	秀吉から土木工事が終了したならば、中村一氏と一緒にこちらに来るよう命じられる。

天正十三	一五八五	五月八日	嘉隆、羽柴秀次・山上宗二・小寺休夢らと茶会に参加。
		七月二十日	嘉隆が御師である久保倉太夫に知行宛行状を発給する。
		十二月二十三日	嘉隆、蒲生氏郷・多賀新左と茶会に参加。
天正十四	一五八六	正月九日	嘉隆、顕如と対面。津田宗及も同道。
		正月十四日	嘉隆が諸大夫成をして、従五位下に岡本良勝とともに叙任される。
天正十五	一五八七	三月二十五日	秀吉から九州の島津攻めの際に船手として警固を命じられる。
		四月二十七日	薩摩国京泊に到着し、明日の攻撃について秀吉より指示を受ける。
		四月二十八日	小西行長・加藤義明・脇坂安治らと薩摩平佐城を攻める。
		六月二十五日	嘉隆、関白秀吉・山崎志摩守・宗及・道和らと茶会に参加。
		六月二十六日	嘉隆、石田三成と茶会に参加。
天正十六	一五八八	四月十四日	聚楽行幸で、豊臣大名とともに行列に参列。
天正十八	一五九〇	二月二十七日	小田原遠征時に秀吉より船手衆を命じられ出兵し、清水に到着。脇坂ら船手衆と相談したうえで、順風を待って伊豆沿岸に進入することになった。
		四月一日	嘉隆、脇坂・加藤・長宗我部らと水軍を率いて清水正令の伊豆下田城を攻める。
天文二十／文禄元	一五九二	四月十日	嘉隆、肥前名護屋に着陣する。
		四月十二日	嘉隆、肥前名護屋を発する。
		四月十九日	嘉隆、藤堂高虎、脇坂安治、加藤嘉明らと、紀伊、備前の警固船を率いて、朝鮮に赴く。
		五月二十九日	秀吉の命令で淡路の高来善三郎に、船を対馬豊崎に回漕させて九鬼嘉隆らに渡した。
		七月八・九日	水軍の九鬼嘉隆・加藤嘉明・脇坂安治らは、朝鮮水軍節度使李舜臣、元均等と屢金海、巨済の間で戦って敗れた。嘉隆、嘉明、安骨浦にて朝鮮水軍と交戦し、交代を余儀なくされる。日本丸も損傷した。
		十一月十日	秀吉は、九鬼の造船のために動員される諸職人以外は伊勢などの諸地域から呼び寄せ、「十艘の船」を九鬼に造船するように命じ、朝鮮出兵の船材は伊勢で調達するように命じる。
文禄二	一五九三	二月二十一日	嘉隆ら熊川沖に襲来した朝鮮軍と戦い、敵船二艘を乗捕る。
		十二月	嘉隆、日本へ帰国する。

九鬼嘉隆略年表

文禄三	一五九四	三月	嘉隆、脇坂安治と交代して在番するため、朝鮮に渡る。
		この年	九鬼氏の居城である鳥羽城が完成したとされる。
文禄四	一五九五	正月十二日	九鬼氏が宮中に鯨肉を二桶献上した。
		正月二十七日	嘉隆が宮中に鯨肉を献上した。
慶長元	一五九六	三月十六日	徳川家康が嘉隆の伏見の別荘を訪ねた。
慶長二	一五九七		息子守隆に家督を譲り、隠居領五千石を領する。
慶長三	一五九八	正月十二日	嘉隆、朝廷に鯨肉を献上する。
		六月十一日	嘉隆、増田長盛らから、造船について指示を受ける。
		七月	嘉隆・守隆、五奉行から大坂城普請への参加を命じられる。
		八月十八日	豊臣秀吉が病死する。
		十月十六日	嘉隆・守隆、五大老から船舶の用意するよう、指示を受ける。
		十二月二十九日	嘉隆・守隆、五奉行から法体することを禁じられる。
慶長四	一五九九	二月二日	嘉隆、伏見にて、筑前中納言・浅野長政と茶会に参加。
		四月十九日	守隆が諸大夫成をして、従五位下に叙任される。
慶長五	一六〇〇	八月二十九日	守隆が、下野小山より帰国するが、嘉隆は西軍に応じ、紀伊新宮の堀内氏善と鳥羽城に籠もる。守隆は諫めるも聞かず、安乗城趾に入り、西軍船の往来を防止しこれを徳川家康に報じた。
		九月十日	嘉隆が、岡崎から知多にかけて四・五箇所焼く。
		九月十一日	九鬼守隆軍と堀内氏善・九鬼嘉隆軍で、加茂五箇村の船津村にて合戦になった。
		十月十二日	答志島洞泉庵にて切腹する。享年五十九。

【著者紹介】

豊田祥三（とよだ・しょうぞう）

1975年生まれ。立命館大学文学部日本史学専攻卒。
現在、鳥羽市教育委員会生涯学習課に文化財専門員として勤務。専門は考古学。主な著書に『図録 九鬼嘉隆―戦国最強の水軍大将―』（編著、鳥羽市教育委員会、2011年）、主な研究に「旧鳥羽小学校所蔵謄写本の九鬼家文書について」（『三重県史研究』第32号 2017年）、「九鬼氏の代替わりについて～嘉隆から守隆への家督交代～」（『三重県史研究』第35号 2020年）などがある。

装丁：川本 要

中世武士選書 第48巻

九鬼《くき》嘉隆《よしたか》と九鬼《くき》水軍《すいぐん》

戦国最強《せんごくさいきょう》を誇《ほこ》った水軍大将《すいぐんたいしょう》の興亡《こうぼう》

二〇二三年九月一〇日 初版初刷発行

著　者 豊田祥三

発行者 伊藤光祥

発行所 戎光祥出版株式会社
東京都千代田区麹町一―七
相互半蔵門ビル八階
電　話 〇三・五二七五・三三六一㈹
ＦＡＸ 〇三・五二七五・三三六五

編集協力 株式会社イズシエ・コーポレーション

印刷・製本 モリモト印刷株式会社

https://www.ebisukosyo.co.jp
info@ebisukosyo.co.jp

ISBN978-4-86403-481-4